PiA Heft 2/2007
Biographie und Gehirn

Editorial

Peter Bäurle
»Nicht die Dinge an sich beunruhigen den Menschen,
sondern seine Sicht der Dinge!«   7

Prägung des Gehirns

Wilhelm Stuhlmann
Frühe Bindungserfahrungen hinterlassen lebenslange Spuren   15

Johann Caspar Rüegg
Neurobiologische Aspekte der kognitiven Beeinflussung
von somatoformen Schmerzen im Alter   25

Lebensrückblick und Erinnerungsarbeit

Pasqualina Perrig-Chiello
Bedeutung und Funktion des Lebensrückblicks
in der zweiten Lebenshälfte   35

Insa Fooken
»Ent-Bindungsarbeit« – Trennungen und Konflikte in langjährigen
Partnerschaften aus der Perspektive einer Entwicklungspsychologie
der Lebensspanne   47

Geneviève Grimm & Brigitte Boothe
Glücks- und Unglückserfahrungen im Lebensrückblick alter Menschen 63

Hartmut Radebold
Zeitgeschichtliche Erfahrungen und ihre Folgen –
notwendige weitere Perspektive bei der Psychotherapie Älterer!   75

Verena Kast
Zur Bedeutung der Freudenbiographie im Alter   89

Freier Artikel

Frank Arens
»Nicht weinen Johannachen, das mag ich ja gar nicht sehen.«
Zum Umgang mit weinenden alten Menschen in der Altenpflege
aus diskursanalytischer und diskursethischer Perspektive   103

Buchbesprechungen

Meinolf Peters
Radebold H, Heuft G, Fooken I (Hg) (2006)
Kindheiten im Zweiten Weltkrieg. Kriegserfahrungen
und deren Folgen aus psychohistorischer Perspektive

Ewers HH, Mikota J, Reulecke J, Zinnecker J (Hg) (2006)
Erinnerungen an Kriegskindheiten. Erfahrungsräume,
Erinnerungskultur und Geschichtspolitik
unter sozial- und kulturwissenschaftlicher Perspektive

Stambolis B, Jakob V (Hg) (2006)
Kriegskinder. Zwischen Hitlerjugend und Nachkriegsalltag.
Fotografien von Walter Nies   119

Johannes Kipp
Heinz Rüegger (2006):
Das eigene Sterben.
Auf der Suche nach einer neuen Lebenskunst   122

Psychotherapie im Alter

Forum für
Psychotherapie,
Psychiatrie,
Psychosomatik
und Beratung

Herausgegeben von
Peter Bäurle, Münsterlingen; Johannes Kipp, Kassel; Meinolf Peters, Marburg/
Bad Hersfeld; Hartmut Radebold, Kassel; Angelika Trilling, Kassel;
Henning Wormstall, Schaffhausen/Tübingen

Beirat

Psychosozial-Verlag

P☒V

Impressum

Psychotherapie im Alter
Forum für Psychiatrie, Psychotherapie, Psychosomatik und Beratung

ISSN 1613-2637
4. Jahrgang, Nr. 14, 2007, Heft 2

ViSdP: Die Herausgeber; bei namentlich gekennzeichneten Beiträgen die Autoren. Namentlich gekennzeichnete Beiträge stellen nicht in jedem Fall eine Meinungsäußerung der Herausgeber, der Redaktion oder des Verlages dar.

Erscheinen: Vierteljährlich

Hg: Dr. Peter Bäurle, Dr. Johannes Kipp, Dr. Meinolf Peters, Prof. Dr. Hartmut Radebold, Dipl.-Päd. Angelika Trilling, PD Dr. Henning Wormstall

Die Herausgeber freuen sich auf die Einsendung Ihrer Fachbeiträge! Bitte wenden Sie sich an die Schriftleitung:
Dr. Johannes Kipp, Esther Buck
Ludwig Noll Krankenhaus, Klinik für Psychiatrie und Psychotherapie
Klinikum Kassel
Dennhäuser Straße 156, 34134 Kassel
Tel. 0561/48 04-0 ·
Fax 0561/48 04-402
E-Mail: psychalter@yahoo.de

Übersetzungen: Keri Shewring

Umschlagabbildung:
Gespräch ohne Worte

Anfragen zu Anzeigen bitte an den Verlag:
E-Mail: anzeigen@psychosozial-verlag.de

Abonnentenbetreuung
Psychosozial-Verlag
E-Mail: bestellung@psychosozial-verlag.de
www.psychosozial-verlag.de

Bezug
Jahresabo 49,90 Euro · 85,50 SFr
(zzgl. Versand)
Einzelheft 14,90 Euro · 26,80 SFr
(zzgl. Versand)
Studierende erhalten gegen Nachweis 25% Rabatt.
Das Abonnement verlängert sich um jeweils ein Jahr, sofern nicht eine Abbestellung bis zum 15. November erfolgt.

Die Herausgabe der Zeitschrift wird dankenswerterweise durch die **Robert-Bosch-Stiftung** gefördert.
Die Herausgeber danken auch für die Unterstützung durch die **Arbeitsgruppe Psychoanalyse und Altern, Kassel**.

Zum Titelbild

Marianne Krott-Eberhardt
Gespräch ohne Worte   125

Veranstaltungen   127

Autorinnen und Autoren   129

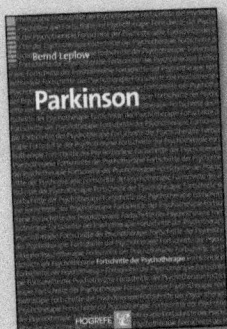

Editorial

»Nicht die Dinge an sich beunruhigen den Menschen, sondern seine Sicht der Dinge!« (Epiktet)

Das vorliegende Heft entstand aus einem Teil der Referate des 5. Münsterlinger Symposiums zur Alternspsychotherapie: »Psychotherapie im Alter – Sicht von Entwicklungspsychologie und Hirnforschung.«

Lange Zeit wurde davon ausgegangen, dass die Plastizität der grauen Gehirnrinde auf junge Jahre beschränkt und im Alter nicht mehr vorhanden sei. Dieses Altersstereotyp blieb für die Forschung und Therapie psychischer Erkrankungen im Alter lange Zeit richtungsweisend und schränkte damit mögliche Fragestellungen ein. Nachdem sich die Forschung nicht nur der neuronalen Plastizität im Alter, sondern auch deren Determinanten, Auswirkungen und Interventionsmöglichkeiten zugewandt hatte (Calero et al. 2007, Dinse 2006), eröffneten sich neue Möglichkeiten. Bewertungen, also affektlogische Prozesse, können als zentrales Bindeglied zwischen der objektiven Umwelt und dem Erleben und Verhalten des Individuums betrachtet werden. Sie wirken sich sowohl strukturell als auch funktionell auf Zustand und Plastizität des Gehirns aus. Sie sind das zentrale Bindeglied der vielfältigen Themen und Perspektiven dieses Heftes.

Wilhelm Stuhlmann beschäftigt sich in seinem Beitrag mit der Auswirkung früher Bindungserfahrung. Hierbei geht es um biologische, soziale und psychische Determinanten zur Ausbildung neuronaler Strukturen, die lebenslang wirksam bleiben. Ein aktuelles Thema in diesem Zusammenhang ist die »Verbindung von Bindung und Bildung zum Demenzrisiko«. Die unterschiedlichen Manifestationen der verschiedenen Bindungsstile beim gesunden Erwachsenen und beim Demenzpatienten werden beschrieben.

Im Zusammenhang dieses Themenheftes können Bindungsstile als Ergebnis früher Bewertungsprozesse aufgefasst werden. Diese Bewertungsprozesse werden als Trait (d. h. im Sinne eines Charakterzugs) übernommen und wirken sich ihrerseits auf hirnbiologische Parameter wie z.B. auf die weitere Neurogenese und umgekehrt aus. Der Artikel wirft die Frage auf, inwiefern wir im Umgang mit unseren Patienten durch das Wissen über deren

Bindungsstil individuellere Interventionen ableiten und damit auch ihrem spezifischen Zustand besser gerecht werden können. Dies betrifft nicht nur das einzelpsychotherapeutische, sondern auch das milieutherapeutische Setting.

Nach dieser Auffassung wirkt sich Bindung als primärer Faktor auf Verlauf und Risiko einer Demenz aus oder hat einen indirekten Einfluss insofern, dass ein günstiger Bindungsstil schützende Erfahrungen, wie beispielsweise soziale, körperliche und kognitive Aktivitäten, leichter ermöglichen. Beispielsweise wird sich jemand mit einem »unsicher-distanzierten Bindungsstil« von sich aus eher nicht an sozialen oder sportlichen Gruppen bzw. an einen Verein anschließen. Ein solcher Anschluss kann einen protektiven Faktor darstellen, der diesem unsicher gebundenen Menschen im Alter dann fehlt.

Für die Betreuung und Therapie dement gewordener alter Menschen ist es dann wichtig zu klären, welcher Bindungsstil vorhanden ist und wie unter Berücksichtigung dieses Bindungsstils zu welcher Zeit mit welcher Intervention dysfunktionalen Verhaltensweisen begegnet werden kann, um einen möglichst hohen Anteil an wichtiger Bindung zu erhalten.

Johann Caspar Rüegg beschäftigt sich mit den »Neurobiologischen Aspekten der kognitiven Beeinflussung von somatoformen Schmerzen im Alter«. Im Zusammenhang dieses Themenheftes lässt sich auch der Schmerz als Ergebnis eines Bewertungs- und Lernprozesses betrachten. Rüegg legt dabei die Schwerpunkte sowohl auf prädisponierende Entwicklungsfaktoren für Schmerzen im Alter als auch auf deren Behandlung. Schmerzen werden immer noch häufig dem Alter per se zugeschrieben. Oft wird übersehen, dass Schmerz nicht am Organ entsteht, sondern das Ergebnis beeinflussbarer Gehirnprozesse ist. Dabei betont Rüegg, dass Reagibilität und Intensität der Schmerzwahrnehmung mit einer neurobiologisch fundierten Psychotherapie reduziert werden können. Als wirkungsvoll erweisen sich dabei vor allem Imaginationstechniken und Suggestion. Bei der Beschreibung der Wirkungsweise bezieht Rüegg auch Ergebnisse bildgebender Verfahren ein. Hier konnte gezeigt werden, dass durch Suggestion Hirnaktivität in Hirnarealen, die für die emotionale Wahrnehmung des Schmerzreizes zuständig sind, gesenkt werden kann, während die Aktivität der Areale, die für die Lokalisation des Schmerzreizes zuständig sind, unbeeinflusst bleiben. Hierin zeigt sich auch neurobiologisch der fundamentale Einfluss von Bewertungsprozessen. Erst durch die emotionale Bewertung entsteht der Schmerz als solcher.

Zur Vermittlung des hier aufgezeigten Wissens an Patienten haben sich in der Praxis bildhafte psychoedukative Interventionen wie die anschauliche Schilderung der willentlich gesteuerten Schmerzunempfindlichkeit eines Fakirs bewährt.

Pasqualina Perrig-Chiello beschäftigt sich in ihrer Arbeit mit der »Bedeutung und Funktion des Lebensrückblicks in der zweiten Lebenshälfte«. Auch hier zeigt sich die Bedeutung von Bewertungsprozessen. Die subjektive Bewertung autobiographisch wichtiger Erfahrung bedingt deren emotionale Verarbeitung und beeinflusst die habituelle und aktuelle Affektivität des Menschen. Die emotionale Gestimmtheit bezüglich relevanter biographischer Ereignisse sollte nicht als Ergebnis von Ereignissen selbst, sondern als Konsequenz von deren Bewertung aufgefasst werden. Aber auch die aktuelle Affektivität beeinflusst ihrerseits den Abruf biographisch wichtiger Informationen. So beschäftigt sich die Autorin mit den Auswirkungen aktueller stressreicher Lebenssituationen auf die Wahrscheinlichkeit des Abrufes negativ bewerteter Lebensereignisse. Diese Ergebnisse sind im Sinne eines »Mood Congruency Effects« (Bower 1981) zu betrachten und sind häufig Elemente eines depressiven Teufelskreises. Patienten, die sich durch aktuelle stressreiche Lebensereignisse in einem negativen affektiven Zustand befinden, erinnern mit größerer Wahrscheinlichkeit negative Aspekte ihrer Biographie und haben damit ein höheres Risiko, an Depressionen zu erkranken. Umgekehrt korreliert die Anzahl der berichteten positiven Lebensereignisse mit dem psychischen Wohlbefinden. Die Feststellung im Artikel von Pasqualina Perrig-Chiello, dass ältere Menschen, die sich bewusst mit ihren autobiographischen Erinnerungen beschäftigen, seltener depressiv und geistig gesünder sind, muss, falls sie als Kausalaussage interpretiert wird, kritisch hinterfragt werden. Es ist davon auszugehen, dass der vorbestehende Zustand, der sich in Psychopathologie, Bindungsstrukturen, Traumen, Beziehungskontexte, Sozialisation und Persönlichkeitsstruktur zeigt, die Tendenz und Fähigkeit, sich mit autobiographischen Inhalten zu beschäftigen, beeinflusst.

Insa Fooken beschäftigt sich in diesem Heft mit »Langjährigen Partnerschaften als sozial- und verhaltenswissenschaftlicher Forschungsgegenstand«. Dabei geht sie auf das »Beziehungs- und Trennungsverhalten (bzw. das »Bindungs- und Ent-Bindungsverhalten«) im Gesamtzusammenhang lebensspannenbezogener Entwicklungsprozesse« ein. Die Auswirkungen des Zweiten Weltkriegs auf die biographischen Entwicklungsverläufe auf verschieden Kohorten (Kindheit vor, während und nach dem Weltkrieg) werden untersucht. Auch hier stellen die subjektiven Bewertungsprozesse das zentrale Bindeglied zu den anderen Arbeiten dieses Heftes dar. Geprägt von den Auswirkungen der Kriegs- und Nachkriegszeit auf familiäre Konstellationen, wie zum Beispiel durch abwesende oder traumatisierte Väter und überlastete und traumatisierte Mütter – um nur einige zu nennen – entstanden in diesen Generationen kohortenspezifische Bewertungen der »heilen« Familie als hohes Gut, dem gegenüber andere Bedürfnisse zurück gestellt wurden.

Im therapeutischen Prozess müssen äußere, historische Einflüsse auf das Bindungs- und Entbindungsverhalten unserer Patienten reflektiert werden. Vor allem bei alt gewordenen Migranten werden wir uns auch in Zukunft mit den Folgen frühzeitiger Kriegserfahrungen auseinander setzten müssen. Da Bindungen und deren subjektiv erlebte Qualität essentiell für die psychische und physische Gesundheit sind, ist die Berücksichtigung spezifischer Entwicklungsbedingungen besonders wichtig.

Genevieve Grimm & Brigitte Boothe berichten über »Glücks- und Unglückserfahrungen im Lebensrückblick alter Menschen«. In ihren Erzählanalysen zeigt sich, dass die Bewertung des Erinnerten eine zentrale Rolle einnimmt. Fast glücklicher als das erinnerte Ereignis ist der Akt des Erinnerns und dessen Einordnung in die aktuelle Lebenssituation: »Es war schwierig, aber heute bin ich dankbar für die Erinnerung«.

Interessant ist der Unterschied zwischen den Glückserfahrungen bei Männern und Frauen. Glückserfahrungen bei Männern stehen eher im Kontext beruflicher Themen, Glückserfahrungen bei Frauen eher in familiären Zusammenhängen. Da wichtige Erinnerungen offensichtlich mit den zentralen Aspekten des Selbstkonzepts verbunden sind, handelt es sich hierbei wahrscheinlich um einen Kohorteneffekt. Vermutlich ändern sich die hier gefundenen Ergebnisse mit zunehmender beruflicher Selbstverwirklichung der Frauen und der verstärkten familiären Einbindung der Männer.

Hartmut Radebold gebührt die Auszeichnung, dass er als einer der ersten Autoren sich der »verlorenen« Generation der Kriegskinder angenommen hat. In dieser Generation zeigen sich heute, oft nach einem über 50 Jahre langen freien Intervall unspezifische psychische, psychosoziale und körperliche Symptome. Diese werden von Radebold in den Kontext einer Trauma-Reaktivierung gestellt. In seinem Beitrag wird nicht nur die Symptomatik der Traumafolgen dargestellt, sondern auch Möglichkeiten der Therapie. Die Frage, weshalb erst jetzt dieses Thema aufgenommen wurde, kann einen

Grund darin haben, dass Schuldbewertungen im Sinne von Kriegs- und Überlebensschuld blockierend wirksam waren.

Verena Kast beschäftigt sich mit der »Bedeutung der Freudenbiographie im Alter«. Sie räumt gründlich mit dem vorherrschenden Altersstereotyp auf, dass alte Menschen dieselben Erinnerungen immer wiederkehrend auf dieselbe Art verbunden mit demselben Affekt wiederholen und perseverieren würden.

Bei Erinnerungen können unterschiedliche Typen unterschieden werden:
– Typus integrative Erinnerung, d.h. konstruktive Bewertung der Vergangenheit und damit verbunden Sinngebung und Kohärenz des Lebenszusammenhangs.
– Typus instrumentale Erinnerung, d.h. aus den Erfahrungen der Vergangenheit zu profitieren und sich damit der Gegenwart anzupassen im Sinne der Entwicklung von Problemlösungsstrategien und Copingaktivitäten.

Diese beiden Arten von Erinnerung sind hilfreich. Davon ist die narrative Erinnerung zu unterscheiden, worunter man eine simple Beschreibung der Vergangenheit versteht, ohne diese zu analysieren. Die Bedeutung von Erinnerungen für das Leben wird in Bezeichnungen wie der defensiven Erinnerung, als Flucht in alte Zeiten, um der Gegenwart zu entkommen, oder der ruminativen (wiederkäuenden) Erinnerung deutlich, mit der man durch ständige Wiederholung versucht, störende Ereignisse aus der Vergangenheit zu bewältigen. Wenn Patienten Erinnerungen in die Therapie einbringen, lohnt es sich, den jeweiligen Charakter und damit auch die Nützlichkeit für die Therapie zu überprüfen. Nicht die harten unabänderlichen Fakten der Biographie sind entscheidend, sondern deren subjektive Bewertung.

Dass und vor allem wie eine Neubewertung auch im Alter gelingen kann, zeigt Verena Kast in ihrem Artikel auf. Sie will dazu beitragen, dass sich alte Menschen mit bisher negativ bewerteten Aspekten ihrer Biographie versöhnen und durch Erarbeitung einer »Freudenbiographie« zu einer verbesserten aktuellen Stimmung und zu einem besseren Selbstwertgefühl kommen. Dabei soll Vergangenes nicht mit heutigen Maßstäben bewertet werden. Wir müssen unseren Patienten helfen, Dinge, die vor 60 Jahren geschehen sind, nicht auf der Grundlage ihres heutigen Wissens und ihrer heutigen Erfahrungen zu bewerten, zu entwerten oder gar zu verurteilen. »Auch die Aspekte der Lebensgeschichte, die schwierig sind, mit einem freundlicheren und empathischeren Blick für sich selber neu zu erzählen«, um »sich mit dem

Leben zu versöhnen«, sind wichtig. Die Erarbeitung einer Freudenbiographie weckt »Freude und gehobene Emotionen, die zur Zufriedenheit im Alter beitragen«. Kast betont weiter, dass Erinnerungen »durch die mit ihnen verbundenen Vorstellungen in ein aktuelles emotionales Erleben verwandelt« werden können. Hilfreich sei vor allem ein konkretes Nachfragen nach positiven biographischen Episoden. »Um Freuden wieder zu reaktivieren, ist es wichtig, präzise nach ihnen zu fragen. Was hat Ihnen gestern oder heute Freude gemacht? Wie hat es sich angefühlt, wie hat es auf Ihre Stimmung gewirkt und wie hat es Ihr Verhalten verändert?« Die Erstellung der eigenen Freudenbiographie scheint im Kontext einer beginnenden Demenz bedeutsam vor allem im Hinblick darauf, dass Details biographischer Geschichte zuerst verloren gehen, der zugehörige Affekt aber bis ins fortgeschrittene Stadium der Demenz erhalten bleibt und als quälend empfunden werden kann. Es scheint eine große Ressource darzustellen, gemeinsam mit Demenzpatienten eine Freudenbiographie zu erarbeiten, solange dies noch möglich ist, um diese in späteren Stadien der Demenz zur gezielten Herstellung positiver affektiver Zustände und eines positiven Selbstbildes zur Verfügung zu haben. Frau Kast betont »Gute Geschichten erzählen wir allerdings nur, wenn andere Menschen uns gut zuhören. Dann aber wird in unseren Geschichten unsere Vorstellungsfähigkeit wach, werden unsere Gefühle geweckt – Vergangenes wird vergegenwärtigt, aktualisiert und belebt uns.« Wir sollen »Freuden aus der eigenen Lebensgeschichte über die Imagination zurückholen.« »Das Erstellen einer Freudenbiographie ist in jedem Alter sinnvoll und möglich.«

Ich wünsche Ihnen mindestens ebenso viele fruchtbare Impulse beim Studium dieser Ausgabe, wie ich sie bei der Auseinandersetzung mit den Texten für die Formulierung dieses Vorwortes erfahren durfte.

Peter Bäurle (Münsterlingen)

Literatur

Bower GH (1981) Mood and memory, American Psychologist 36: 129–148.

Calero-Garcia MD, Navarro-Gonzalez, Munoz-Manzano L (2007) Influence of level of activity on cognitive performance and cognitive plasticity in elderly persons. Arch Gerontol Geriatr. 2007 (Epub ahead of print)

Dinse HR (2006) Cortical reorganization in the ageing brain. Prog Brain Res.,157: 57–80.

Korrespondenzadresse:
Dr. med. Peter Bäurle
Psychiatrische Klinik Münsterlingen
Postfach 154
CH 8596 Münsterlingen
Email: *peter.baeurle@stgag.ch*

Frühe Bindungserfahrungen hinterlassen lebenslange Spuren

Wilhelm Stuhlmann (Erkrath)

Zusammenfassung

Neue Forschungen zur Entwicklung des neuronalen Netzwerkes in den ersten Lebensjahren haben gezeigt, dass frühe Prägungen und Erfahrungen die Struktur des Netzwerkes mit lebenslangen Auswirkungen formen. Die frühe Plastizität und Lernfähigkeit dieses Netzwerkes sind Grundlage für die spätere geistige Leistungsfähigkeit und für die Entwicklung von Begabungen und Interessen. Auf dieser Grundlage tragen positive Bindungserfahrungen wesentlich zur Ausprägung tragfähiger psychosozialer Muster in Beziehungen und zur Entwicklung eines stabilen Selbstwertgefühls bei. Bindungserfahrungen, Entwicklung von Autonomie und die Unterstützung eines positiven Selbstwertgefühls stehen in einer engen Beziehung zueinander. Das neuronale Netzwerk als Funktionsreserve ist in seiner Ausdifferenzierung von guten Bedingungen seiner Stimulation und Verankerung in der Persönlichkeit anhängig. Ein wesentlicher Faktor sind Bindungserfahrungen, die das Vertrauen in die eigenen Kräfte und die Entwicklung neuronaler Funktionen (motorische und psycho-sozial) ermöglichten und längerfristig unterstützten. Hierin besteht eine bedeutsame Verbindung von Bindung und Bildung zum Demenzrisiko.

Stichworte: Bindungskonzept, Demenz, neuronales Netzwerk, Risikofaktoren Demenz, Pflege bei Demenz

Abstract: Early Attachment Experiences Leave Lifelong Traces

New research on the development of neural networks in the first years of life showed that early imprinting and experiences form the structure of the network with lifelong effects. The early plasticity and adaptability of this network are a basis for the later mental efficiency and the development of talents and interests. On this basis positive attachment experiences substantially contribute to the development of stable psychosocial patterns in interpersonal relationships and to the development of a stable self-esteem. Attachment experiences, the development of autonomy and the support of a positive self-value are closely related to each other. The neural network as a functional reserve is pending in its development of good conditions of stimulation and personality fixing. Substantial factors are attachment experiences, which allow confidence in one's own strength and support the development of neural functions (motor and psychosocially). In this, an important link to connection and education of dementia risk also exists.

Keywords: attachment concept, dementia, neuronal network, factors of risk for dementia, dementia-care

Einleitung

Die Qualität der frühkindlichen Bindungsbeziehungen steht in Verbindung mit der emotionalen Aktivierung, Entwicklung und Ausdifferenzierung neuronaler Verschaltungen, sowohl im positiven als auch im negativen Sinn. Hüther (2001) hebt hervor, dass so Bindungserfahrungen in langfristigen kognitiven Mustern und Gefühlsstrukturen verankert werden.

Dies kann besonders bei Kindern, bei denen der Bindungsprozess früh gestört wurde, schwerwiegende Folgen haben. Bei einem großen Teil dieser schwer geschädigten Kinder nach starker Vernachlässigung wurden Störungen der Hirnentwicklung durch Unterstimulation des neuronalen Netzwerkes und eine direkte Schädigung der Neurone durch die Auswirkungen von länger andauerndem Stress festgestellt. Die Schädigungen können sich im Sinne einer erhöhten Vulnerabilität erst nach einer langen Latenzzeit auswirken. Heine (2004) weist darauf hin, dass sich ein Funktionsdefizit erst nach über 50 Jahren im Rahmen einer Demenz bemerkbar machen kann. Seine provozierende Frage lautet, ob nicht ein großer Anteil der Entwicklung einer Demenz vom Alzheimertyp in der frühen Kindheit angelegt wird, in der Phase, in der der größte Anteil des neuronalen Netzes verknüpft und organisiert wird. Dieses Netz ist die Grundlage der Leistungsfähigkeit des Gehirns und bietet bei guter Ausformung eine gewisse Funktionsreserve und stellt damit einen protektiven Faktor dar.

Bindungserfahrungen und die Fähigkeit, durch Bildung das neuronale Netzwerk früh zu strukturieren und damit leistungsfähiger zu machen, werden in letzter Zeit häufig diskutiert. Bildung im Sinne einer andauernden psychosozialen und motorischen Anregung wiederum hat bei der Erforschung der Risikofaktoren bei Demenz einen gewissen Stellenwert erlangt, zumal davon ausgegangen wird, dass die genetischen Mechanismen bei der Demenzentstehung bei weitem überwiegen. Um so mehr kommt es auf die beeinflussbaren Risikofaktoren der Demenz an.

Wir verstehen Bindung und die Ebenen, auf denen Bindung wirksam wird, folgendermaßen:

- Bindung bezeichnet ein emotionales Band zwischen Personen (Objekten, auch Tieren),
- das sich in der frühen Kindheit entwickelt, dessen Einfluss aber nicht auf diese Entwicklungsphase beschränkt ist, sondern sich auch auf die weiteren Lebensabschnitte erstreckt.
- Somit stellt Bindung eine emotionale Basis während des ganzen Lebens bis ins höhere Lebensalter hinein dar.
- Bindungen beeinflussen die Art und Weise, wie wir Beziehungen wahrnehmen, bewerten und gestalten – dabei wirken die ersten Bindungserfahrungen als Muster hilfreich oder erschwerend in späteren Beziehungen.

Bindung ist aber weit mehr, als die Gestaltung aktueller Beziehungen und deren Vorgeschichte. Bindungen erfüllen zwei wesentliche Funktionen. Sie sollen sowohl Schutz und Entspannung bei Angst und Gefahr sicherstellen als auch eine aktive Auseinandersetzung mit der Umwelt von einer sicheren Basis aus fördern. Beide Aspekte sind notwendige Voraussetzungen für Anpassung und Umwelterkundung auch im biologischen Sinn.

Die Ebenen von Bindung reichen daher von biologischen und prägenden Mechanismen bis zu grundlegenden Strukturen der Ich-Funktionen, insbesondere des Selbstwertgefühls.

> ▸ Bindung als biologisch notwendiges **Grundbedürfnis,** um in
> den ersten Lebensjahren zu überleben: Genährt werden, Schutz
> und Geborgenheit erleben
>
> ▸ Bindung als Grundlage (Rückendeckung, sicherer Hafen),
> sich etwas zuzutrauen, um Selbstsicherheit und **Selbstvertrauen**
> zu entwickeln
>
> ▸ Bindung wird durch bestimmt **Eigenschaften in der**
> **Beziehung** gegenseitig gefestigt:
>> ▸▸ Zuverlässigkeit und Feinfühligkeit,
>> ▸▸ Helfen und Hilfe zulassen können,
>> ▸▸ Dankbarkeit zeigen,
>> ▸▸ gegenseitiges Vertrauen – Vertrauen schenken und
>> Vertrauen erleben
>
> ▸ Frühe Erfahrungen mit Bindung zu den ersten
> Bezugspersonen prägen ein **Muster für spätere Beziehungen** im
> Leben (bis lebenslang): es entsteht ein **inneres Modell**
> (Einstellung) von Beziehungen
>
> ▸ Bindungsmuster wirken **über Generationen** hinweg (Kind-
> Eltern-Großeltern)

Tabelle 1: Ebenen von Bindungen

Als eine der wesentlichen Eigenschaften der Bindung gebenden Person
(wichtige aktuelle Bezugsperson) gilt nach Stuhlmann (2004) die Feinfühlig-

keit. Diese wird definiert als die Fähigkeit zur Wahrnehmung und Umsetzung von Grundbedürfnissen und zeigt sich in der:

- Wahrnehmung von Signalen – durch aufmerksames Beobachten von Mimik, Gestik, Stimme u. a.,
- richtigen Interpretation der Signale aus der Sicht der Person heraus, d. h. nicht gefärbt durch die Bedürfnisse der Bezugsperson,
- prompten Reaktion – einhergehend mit der Verstärkung des Erlebens der eigenen Wirksamkeit der (Pflege) abhängigen Person,
- angemessenen, die Würde wahrende Reaktion (in Bezug auf Situation, Alter und Krankheit) und
- Anwendung in den Alltagssituationen der Betreuung, Pflege und Behandlung.

Bindungsmuster bei Erwachsenen und ihre Auswirkungen bei Demenz

Grundlegende Bindungsmuster werden bereits bei Kindern im Alter von 12 – 18 Monaten beschreibbar, wenn diese in eine (experimentelle) Situation gebracht werden, in der durch vorübergehende Trennung von der Bezugsperson (Stresssituation) unterschiedliche Bindungsverhaltensweisen aktiviert werden (Bowlby 2006). Dabei werden im Allgemeinen vier grundlegende Bindungstypen beobachtet: die sichere Bindung und die unsichere Bindung mit den drei Unterformen, der unsicher ambivalenten, der unsicher vermeidenden und der unsicher desorganisierten Bindung.

Eine sichere Bindung ist getragen von einem tiefen Vertrauen und der Gewissheit, ohne Gegenleistung geliebt und angenommen zu werden. Menschen mit diesem Bindungsmuster haben früh die Erfahrung machen können, dass sie von der Bezugsperson nie im Stich gelassen wurden, sie konnten (und durften) auch negative Emotionen wie Trauer und Ärger der Bezugsperson gegenüber zeigen.

Bei den unsicheren Bindungsmustern ist die Regulation von Distanz und Nähe gestört. Unsicherheit und Ambivalenz entstehen im Erleben von Wechselhaftigkeit der Zuwendung. Die erlebten Muster sind u. a. Überbehütung, Überstimulation oder Kontrolle, »Verdienen-Müssen« von Liebe und Anerkennung sowie Zuschreibungen von Verantwortung für die Gefühle von Bezugspersonen.

Die Vermeidung von Nähe entsteht durch ein frühes Defizit an Vertrauen, durch Erleben von Vernachlässigung, Nichtverfügbarkeit und Verweigerung oder Entzug der Unterstützung. Nur auf sich selbst vertrauend, werden vermiedene Bedürfnisse nach Nähe zunehmend als Autonomie erlebt. Der Umgang mit Nähe wird eher misstrauisch und zurückhaltend gesehen.

Wenn Nähe eine permanente Bedrohung etwa durch Misshandlung oder Missbrauch darstellt, kann keines der genannten unsicheren Bindungsmuster entwickelt werden, das Muster bleibt desorganisiert. Nähe wird dann häufig auch in späteren Beziehungen als Bedrohung erlebt. Gelingt es nicht, die Erfahrungen zu reflektieren und zu verarbeiten, können schwerwiegende psychische Probleme im späteren Leben auftreten. Brisch und Hellbrügge (2003) weisen darauf hin, dass Mütter, die selbst traumatisiert sind, oft kein sicheres Bindungsmuster weitergeben können.

Die neuere empirische Bindungsforschung hat die Konstanz der vier grundlegenden Bindungsmuster, die bei Kleinkindern gefunden werden, auch bei Jugendlichen, bei gesunden Erwachsenen und bei Personen mit den verschiedensten psychischen Störungen nachweisen können (Ettrich 2004).

Werden Bindungstypen bei Kindern im zweiten Lebensjahr und Bindungsmuster bei Jugendlichen oder Erwachsenen mit einem Bindungsinterview, einem Fragebogen, einer Skala oder einem Test untersucht, finden sich weitgehend übereinstimmend die von Bowlby (2206) beschrieben Grundmuster von Bindungen. Die Frage nach der individuellen Konstanz wurde nach Buchheim u. a. (1998) in Langzeitstudien überwiegend aus methodischen Gründen bis heute noch nicht zufriedenstellend beantwortet.

In der Tabelle 2 wurde versucht, die Bindungstypen bei gesunden Erwachsenen mit Verhaltensmustern, die im Verlauf der Demenzerkrankung auftreten, in Verbindung zu bringen. Diese Überlegungen sind nur als Anregungen zu verstehen, obwohl sie auf langjährigen Erfahrungen im Umgang mit Patientinnen und Patienten mit Demenz beruhen. Abgesehen von einzelnen Ansätzen, wie der von Magai (1998), gibt es in diesem Bereich noch ein großes Forschungsdefizit.

Bindungsmuster	Bei gesunden Erwachsenen	Bei Personen mit Demenz
Sicher	Wertschätzung von Bindung, ausgeglichen, einfühlsam, gutes Selbstvertrauen, Selbstsicherheit, Sicherheit gebend, hilfsbereit, positive Gefühlsäußerungen, Gleichgewicht von Nähe und Distanz in Beziehungen	Akzeptanz von Hilfe und Umgehen mit Abhängigkeit, Dankbarkeit zeigen, Vertrauen in Bezugspersonen, Freude, selber helfen wollen, weitgehendes Wohlbefinden
Unsicher-ambivalent bzw. verstrickt	Unsicher in Beziehungen, Neigung zu Panik, Depressionen und Ängsten, überstarke Abhängigkeit und Verlustängste, Sicherheit fordernd, Idealisierung und Abwertung von Beziehungen	Anklammernd, ängstlich, Hilflosigkeit betonend und Hilfe suchend (rufen), Regression, Wechselnde Stimmungslage, stark aktiviertes Bindungsverhalten
Unsicher - distanziert	Sich autonom gebend, nach außen abweisend und scheinbar unbeeindruckt – nach innen angespannt, Betonung von Autonomie, weniger Empathie, mehr Misstrauen, Probleme mit Nähe und Körperkontakt, kann nicht gut Hilfe annehmen	Verleugnung, Projektion, Misstrauen, wahnhafte Erlebnisverarbeitung und Fehlinterpretation von Situationen, mehr Verhaltensauffälligkeiten mit dem Ziel der Distanzierung, weniger kooperationsbereit und -fähig
Unsicher - desorganisiert	Unbewältigtes Trauma, stark wechselnde Affekte, keine Integration oder Zugang zum Trauma	Situationen der Trauma-Reaktivierung wie z. B. bei (notwendigen?) Grenz-Überschreitungen in der (Intim) Pflege oder Erinnerungen an alte traumatische Ereignisse

Tabelle 2: Ausgestaltung der Bindungsmuster bei Demenz

In Abbildung 1 sollt der, noch teilweise noch hypothetische Zusammenhang, von Bindung und Hirnstruktur einerseits und der Entwicklung einer Demenz (im Sinnen eines unspezifischen Risikofaktors) andererseits dargestellt werden.

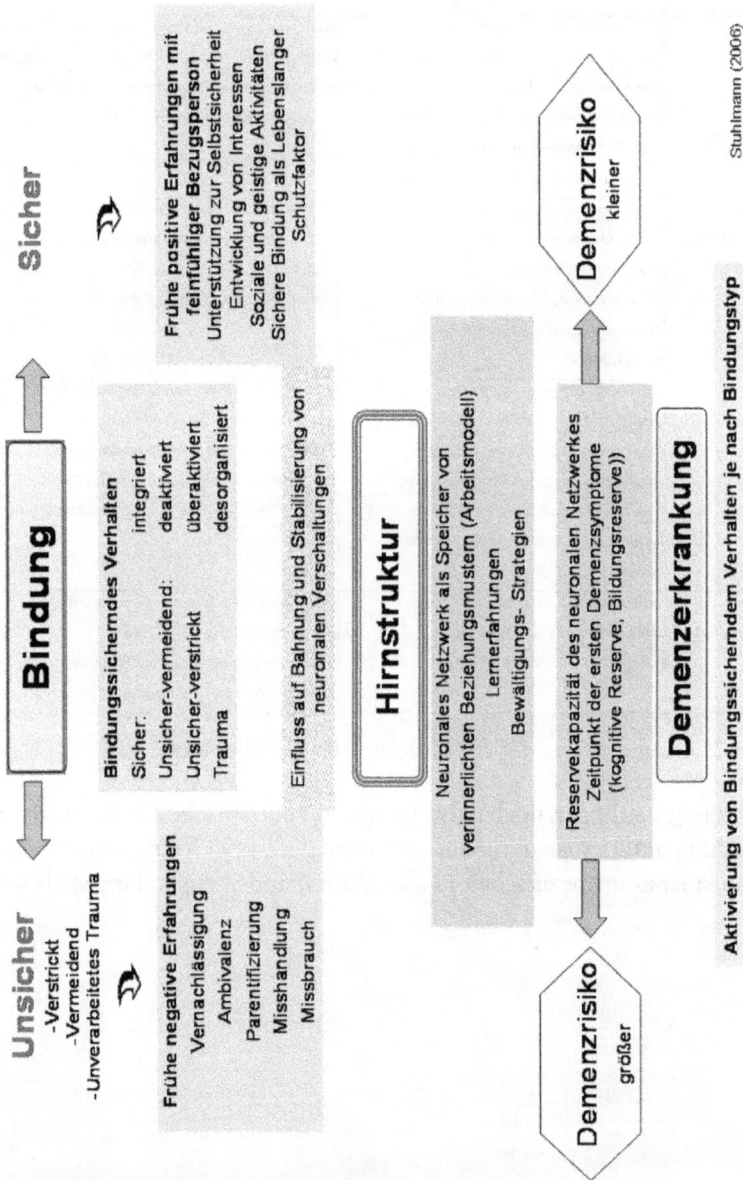

Abbildung 1: Bindung, Hirnstruktur und Demenzrisiko

Was gehört zu einer sicheren Basis bei der Pflege von Demenzkranken?

Kenntnisse über das Bindungskonzept können in verschiedenen Pflege- und Therapieansätzen in der Arbeit mit älteren Personen sehr hilfreich umgesetzt werden. Die Grundlinien der Bindungsmuster sind auch bei Personen mit Demenz erkennbar. Dabei bestätigen die Erfahrungen im Pflegealltag, dass es Demenzkranke gibt, die Hilfe dankbar annehmen können, Wohlbefinden äußern und mit der Situation der vollkommenen Abhängigkeit von anderen, meist jüngeren Pflegenden gut zurechtkommen. Andererseits gibt es Demenzkranke, für die Nähe eine Bedrohung (ihrer Autonomie) darstellt oder die mit einer abweisend-misstrauischen bis aggressiven Bewältigungsstrategie auf die Situation in der Pflege reagieren.

Pflegeperson	Konstanz der Bezugspersonen (Bezugspflege), absolute Zuverlässigkeit bei Zusagen, Reflektion der eigenen Bindungsgeschichte und Bindungsbedürfnisse, Klärung von Rollen und Aufgaben, Teamzugehörigkeit und Unterstützung durch die Leitung.
Im Umgang mit Demenzkranken	Teilhabe am gesellschaftlichen Leben soviel und solange es möglich ist, Stützen der Identität aus der Biographie, Anerkennen und Bestätigen der Gefühle, Gespür für das Gleichgewicht zwischen Nähe und Distanz. Unterscheiden von bindungssuchendem Verhalten und Verhaltensweisen anderer Ursachen, eindeutiges Respektieren von Grenzen und Schutz vor Grenzüberschreitungen, Förderung von konkretem Verhalten – damit Stärken von Autonomie und der eigenen Handlungsfähigkeit.
Umgebung	Normalität, Übersichtlichkeit, Sicherheit und Vertrautheit der Umgebung, Erkennbarkeit der Individualität der Person an der biographisch orientierten Einrichtung des Zimmers.
Strukturell	Verlässlichkeit der Zeitabläufe, Prinzip der Handlungskette: ein Element nach dem anderen, Prinzip der Einzeitigkeit – nur eine Information zur selben Zeit, Realitätsbezug herstellen.

Tabelle 3: Sicherer Basis unter Bindungsaspekten bei der Pflege Demenzkranker

Die Präsenz einer Sicherheit vermittelnden Bindungsperson vermindert Angst. Deren beruhigende und Sicherheit gebende Wirkung kann durch bewusste Bindungssignale unterstützt werden, die auch über größere räumliche Distanz eingesetzt werden können. Ein wesentliches Element ist dabei die Möglichkeit, jederzeit Blickkontakt aufnehmen zu können oder zumindest die Bezugsperson im Blick zu haben. Bestätigende Signale wirken zusätzlich beruhigend. Wichtigstes Ziel der Pflege auf dieser Grundlage ist eine Haltung von gegenseitigem Vertrauen und Wertschätzung, ohne die eine sichere Basis nicht entstehen und gefestigt werden kann.

Literatur

Bowlby J (2006) Bindung und Verlust. München, Basel (Reinhardt).

Brisch KH, Hellbrügge T (Hg) (2003) Bindung und Trauma – Risiken und Schutzfaktoren für die Entwicklung von Kindern. Stuttgart (Klett-Cotta).

Buchheim A, Brisch KH, Kächele H (1998) Einführung in die Bindungstheorie und ihre Bedeutung für die Psychotherapie. Psychother Psychosom Med Psychol 48: 128–138.

Ettrich KU (Hg) (2004) Bindungsentwicklung und Bindungsstörung. Stuttgart, New York (Thieme).

Heine H (2004) Die perineurale Matrix bei Alzheimer Demenz. Geriatrie Journal 6(4): 31–36.

Hüther G, Gebauer K (2001) Kinder brauchen Wurzeln – Neue Perspektiven für eine gelingende Entwicklung. Olten (Walter).

Magai C, Cohen CI (1998) Attachment style and emotion regulation in dementia patients and their relation to caregiver burden. J Gerontol B Psychol Sci Soc Sci 53(3): 147–154.

Strauß B, Buchheim A, Kächele H (Hg) (2002) Klinische Bindungsforschung. Stuttgart, New York (Schattauer).

Stuhlmann W (2004) Demenz – wie man Bindung und Biographie einsetzt. München, Basel (Reinhardt).

Stuhlmann W (2006) Frühe Bindungserfahrungen und Demenz. Geriatrie Journal 8(4): 9–16.

Korrespondenzadresse:
Dr. med. Dipl. Psych. Wilhelm Stuhlmann
Arzt für Psychiatrie und Neurologie
Psychotherapie – Klinische Geriatrie
Rathelbecker Weg 3 D
D–40699 Erkrath
Email: *stuhlmann@geronet.de*

Neurobiologische Aspekte der kognitiven Beeinflussung von somatoformen Schmerzen im Alter[1]

Johann Caspar Rüegg (Heidelberg/Hirschberg)

Zusammenfassung

Somatoforme Rückenschmerzen sind im Alter häufig; sie können die Folge von psychosozialem Stress aber auch von schmerzhaften Erfahrungen in der Kindheit sein, die sich ins Schmerzgedächtnis »eingraben« und die Reagibilität der Schmerzmatrix im Limbischen System verändern. Reagibilität und Intensität der Schmerzwahrnehmung können in einer neurobiologisch fundierten kognitiven Therapie durch Ablenkungsstrategien reduziert werden, zumal sie (auch) von Aufmerksamkeit und Bedeutung abhängen, die dem Schmerz zugemessen werden.

Stichworte: Somatoformer Schmerz, Limbisches System, Neuronale Plastizität, Kognitive Verhaltenstherapie

Abstract: Neurobiology of Psychosomatic Pain in the Elderly

Psychosomatic backache in old age may result from mental or social stress and/or from traumatic childhood experiences stored in the pain memory. Such pain correlates with neuronal activity in the anterior cingulate which is also dependent on mental factors such as mood and stress, but may also be influenced by attention or distraction and – in therapy – by various cognitive interventions.

Keywords: psychosomatic pain, anterior cingulate, cognitive therapy, pain memory, placebo

---

1 Überarbeitete und veränderte Fassung von Teil II des Vortrages »Behandlung somatoformer Störungen und Neurobiologie« am 5. Münsterlinger Symposium zur Alterspsychotherapie am 13. Mai 2006, den der Autor gemeinsam mit Dr. med. Guido Mattanza (Zürich) hielt. Ihm sei gedankt für anregende Gespräche und Frau Liselotte Blatz (Leimen) für die Erlaubnis zum Abdruck ihres Gedichtes über mentale Schmerzbekämpfung.

Einleitung

Wir schreiben das Jahr 1797; der damals 73 Jahre alte Philosoph Immanuel Kant bekannte, lebenslang an schmerzhaften Beklemmungen in der Brust gelitten zu haben, die er – endlich – zu beherrschen lernte (Kant 1797/1998). Er schrieb:

>»Die Beklemmung ist mir geblieben (...). Aber über den Einfluss auf meine Handlungen bin ich Meister geworden, durch Abkehrung der Aufmerksamkeit von diesem Gefühle als ob es mich gar nichts anginge.«

Vor kurzem gestand eine ältere Dame etwas Ähnliches.

Frau B., eine 80-jährige, schwer behinderte Schmerzpatientin leidet an Osteoporose, Polyneuropathie, Spinalkanalstenose und – auf Grund wiederholter Bandscheibenvorfälle – auch an Paresen beider Beine. Sie sagt, die gravierenden Veränderungen an der Wirbelsäule seien inoperabel und ihre Rückenschmerzen seien besonders nachts so stark, dass leichte Schmerzmittel keine Linderung brächten. Auch stationäre Krankenhausaufenthalte mit fachärztlicher Betreuung und Physiotherapie seien erfolglos geblieben. Schließlich habe sie aber für sich selbst einen Weg gefunden, nächtens ganz ohne Medikamente ihre Schmerzen mental zu bekämpfen – durch Autosuggestion und Ablenkung. Sie höre Musik und schreibe Gedichte. Die letzte Strophe ihres Gedichtes »Ablenkung – Mentale Medizin, eine alternative Medizin« über die Wirkung von Autosuggestion und Ablenkung ist dafür beispielhaft:

Schmerzen werden so gelindert
Durch Ablenkung deutlich vermindert,
wenn man mental sich dazu zwingt,
erkennt was Ablenkung erbringt.

Frau B. entdeckte aus eigenem Antrieb dank ihrer »psychosomatischen Intelligenz«, was heute Lehrbuchwissen ist. So schreiben z.B. Frauenknecht und Brunnhuber (2005, S. 291), ein Schmerzpatient könne durch Einsatz von Ablenkungsstrategien die Beobachtung machen, dass sich seine schmerzhaften (somatoformen) Beschwerden bessern; er entwickle dadurch Möglichkeiten, seine Befindlichkeit selbst positiv zu beeinflussen. Dafür gibt es übrigens eine neurobiologische Erklärung: Ablenkung beeinflusst die Schmerzmatrix des Gehirns.

Schmerzen entstehen in der »Schmerzmatrix« des Gehirns

Ablenkung reduziert die Aktivität in der Schmerzmatrix des Limbischen Systems (Valet et al. 2004), wohingegen dort die neuronale Aktivität und der Schmerz verstärkt werden, wenn man den Schmerz stärker beachtet (Nakamura et al. 2002). Aber nicht nur Ablenkung, auch Hypnose, Suggestion und Autosuggestion reduzieren die Aktivität der »Schmerzzentren« im Limbischen System. Der kanadische Neuropsychologe Pierre Rainville und seine Kollegen setzten zur Schmerzbekämpfung ein therapeutisches Verfahren ein, das sich der so genannten geleiteten Imagination bediente. Dank diesem Verfahren konnte er die Schmerzen seiner Patienten schlagartig lindern. Daraufhin wollten die Schmerzforscher herausfinden, welche Wirkung ihre Methode auf das Gehirn ausübt. Mit Hilfe des bildgebenden Verfahrens Positronen-Emissionstomographie (PET) entdeckten sie, dass eine für die bewusste emotionale Wahrnehmung körperlicher Schmerzen zuständige Hirnwindung, der (an der medialen Innenseite einer Großhirnhemisphäre über dem Balken gelegene) Gyrus cinguli – die Gürtelwindung – nunmehr wesentlich weniger durchblutet und somit schwächer neuronal aktiv war – und dies lediglich aufgrund suggestiv gesprochener Worte! (Rainville et al. 1997) Durch die Wirkung der Suggestion war vor allem die für das unangenehme Schmerzgefühl zuständige vordere (anteriore) Partie des Gyrus cinguli verändert (nicht aber der somatosensorische Kortex im Gyrus postcentralis des Scheitellappens, der einen informiert, wo der Körper schmerzt). Dies bedeutet zum einen, dass das emotionale Gefühl des Schmerzes auch davon abhängt, was man glaubt und denkt, und zum anderen, dass der Stoffwechsel und die neuronale Aktivität unseres »Schmerzzentrums« in der Schmerzmatrix des Gehirns nicht allein durch schmerzhafte Reize, sondern auch durch Worte und Imaginationen beeinflusst werden können.

Unter diesem Aspekt erscheint uns vielleicht auch die Schmerz stillende Wirkung von Scheinbehandlungen (z.B. einer Scheinakupunktur) oder suggestiv verabreichter Scheinmedikamente etwas verständlicher. Werden Placebos bei Schmerzen vom Arzt mit der Bemerkung verabreicht, »diese Medikamente nehmen Ihnen den Schmerz«, so erfahren 30–50% der Patienten Schmerzlinderung. Bei diesen Menschen wird die durch Schmerz induzierte Aktivität der emotionalen Schmerzmatrix im anterioren Gyrus cinguli nachweislich gehemmt oder zum mindesten reduziert. Das wurde kürzlich von

Thor Wager und Kollegen nachgewiesen (Wager et al. 2004). 24 Versuchspersonen nahmen an einem vorgetäuschten klinischen Test neuer Schmerzmittel teil. Sie erhielten am Unterarm entweder leicht schmerzhafte elektrische Schocks oder Hitzereize, die mittels eines Laserstrahls auf die zuvor eingecremte Haut appliziert wurden. Dann wurde der Schmerztest mit derselben Hautcreme wiederholt. Aber diesmal sagte der Versuchsleiter den Probanden, die Salbe enthalte ein stark anästhesierendes Schmerzmittel. Obwohl die Salbe nur ein Placebo war, empfanden die meisten Probanden weniger Schmerzen. Und noch etwas: Bei den auf das Placebo ansprechenden Versuchsteilnehmern war die Schmerzmatrix im anterioren Gyrus cinguli gehemmt: Die suggestiv verabreichte »Placebosalbe« reduzierte die durch elektrischen Schock oder Hitzereiz erhöhte Durchblutung bzw. die schmerzinduzierte neuronale Aktivität im Cingulum.

Wie sich aber später herausstellte, ist für diesen Effekt die tatsächliche Verabreichung des Scheinmedikaments, die Applikation der »Placebosalbe« gar nicht erforderlich. Es genügt das gesprochene Wort. Dies wurde kürzlich von Koyama et al. (2005) gezeigt: Wenn nämlich der Versuchsleiter sagte, der applizierte Laserreiz sei nur schwach und täte gar nicht weh, so empfand der mit dem Hitzereiz Gequälte auch keinen Schmerz und die Schmerzzentren im anterioren Gyrus cinguli waren weniger aktiv bzw. weniger durchblutet. Warum? Weil der Gequälte den Worten des Versuchsleiters vertraute und keinen Schmerzreiz erwartete. Mit anderen Worten: er hoffte und glaubte – erwartete – , der Laserreiz täte nicht weh. Allein die Erwartung einer Schmerzhemmung infolge der Behandlung kann also nicht nur den »körperlichen« Schmerz hemmen, sondern auch den Stoffwechsel und die Durchblutung sowie die neuronale Aktivität der Hirnrinde des (anterioren) Gyrus cinguli, in welchem der Schmerzaffekt ins Bewusstsein gerufen wird. Anders gesagt: Worte und Gedanken, Erwartungen und Hoffnung können den Gyrus cinguli und damit den Schmerz hemmen.

In diesen Versuchen waren natürlich die Angaben über die Schmerzhemmung subjektiv, während die mit der neuronalen Aktivität korrelierende Durchblutungsänderung gewisser Hirnteile mit einem bildgebenden Verfahren, der so genannten funktionellen Kernspintomographie (functional magnetic resonance imaging, fMRI) objektiv festgestellt werden konnte. Durch solche Experimente ist einmal mehr deutlich geworden, wie sehr die subjektive Schmerzwahrnehmung mit der neuronalen Aktivierung bzw. Durchblutung des anterioren Gyrus cinguli korreliert.

Da nun, wie gesagt, eine subjektiv erfahrene Schmerzhemmung mit einer Reduktion der Aktivität im anterioren Gyrus cinguli einhergeht, fragten sich de Charms et al. (2005): Können Patienten mit starken Rückenschmerzen vielleicht sogar lernen, die Aktivität in der Schmerzmatrix des Gyrus cinguli durch ein mentales Training willentlich zu hemmen? Die Forscher der Stanford University setzten Schmerzpatienten in einen modernen Kernspintomographen, in welchem diese die neuronale Aktivität – oder besser gesagt: die Durchblutung – ausgewählter Regionen ihres Gehirns sogar online, d.h. in Echtzeit selber beobachten konnten, noch während sie an ihren Schmerz dachten. Die Schmerzpatienten sollten dann versuchen, die online gemessene neuronale Aktivität mit mentalen Übungen zu beeinflussen. Dies wurde dadurch möglich, dass sie in ihrer Imagination einen schmerzfreien Körperteil visualisierten. Immer wenn ihnen dies gelang, gab ihnen das Gerät ein Feedback (Neuro-Bio-Feedback): Es zeigte also an, dass die Durchblutung bzw. die Aktivität im (rostralen) anterioren Gyrus cinguli abnahm. Gleichzeitig ließen auch die Schmerzen nach, und dies motivierte natürlich zu weiteren Anstrengungen. Durch wiederholtes Üben – durch operante Konditionierung – lernten die Schmerzpatienten mit Hilfe von Neurofeedback, die Aktivität der Schmerzmatrix ihres Gehirns immer besser zu beeinflussen, da sie ja selbst den Lernerfolg Ihrer Bemühungen quasi online mit f-MRI kontrollieren konnten. Es gelang ihnen schließlich, mittels ihrer Imagination ihren Schmerz quasi wegzudenken, bzw. an den Rand des Bewusstseins zu drängen. Acht Patienten mit chronischen Rückenschmerzen, die sich mit konventionellen Methoden gewöhnlich nur schwer kontrollieren lassen, erreichten mit der neuen Biofeedbackmethode eine Schmerzabnahme zwischen 44 und 64 Prozent – ein Rückgang, der dreimal so groß war wie bei einer Kontrollgruppe. Diejenigen Patienten, die die größte Kontrolle über ihre Gehirnaktivitäten erreichten, zeigten auch die größte Schmerzreduktion. Nach dem Lernprozess sollte es dann diesen Schmerzpatienten hoffentlich möglich sein, ihre cerebrale Schmerzmatrix und damit ihre Schmerzen auch ohne fMRI-Feedback-Kontrolle kraft ihrer Gedanken zu hemmen.

Versuchspersonen konnten jedoch mit Hilfe von Neurofeedback – durch operante Konditionierung – nicht nur lernen, einen standardisierten Schmerzreiz weniger stark wahrzunehmen, sondern – im Gegenteil – ihn auch stärker zu empfinden und dabei die neuronale Aktivität Ihrer Schmerzmatrix im Gyrus cinguli zu erhöhen. Das bedeutet: Ein Mensch kann offenbar nach einigem Training einen Schmerz mental bekämpfen; er kann aber sich bei entsprechender Motivation auch »angewöhnen«, relativ schwache Schmerzreize als sehr stark zu erleben. Rückenschmerzen bei nur relativ geringfügigen Veränderungen an der Wirbelsäule können beispielsweise so erklärt werden; es handelt sich dann um so genannte somatoforme Rückenschmerzen.

Somatoforme Rückenschmerzen im Alter

Bei älteren Menschen gehört Rückenschmerz zu den häufigsten Symptomen überhaupt, wie eine unlängst durchgeführte dänische Studie an mehr als viertausend über 70-jährigen Zwillingen bestätigt (Hartvigsen et al. 2003). Manche Rückenschmerzen haben eine eindeutig nachweisbare organische Grundlage – wenn nicht, werden sie wie gesagt als »psychogen« bzw. »somatoform« bezeichnet. Gemäß dem oben besprochenen Modell können somatoforme Rückenschmerzen erlernt sein – durch (operante) Konditionierung. Somit wird auch verständlich, warum sich bei einem Schmerzpatienten Rückenschmerzen oftmals (unbewusst) verstärken können, wenn der Leidende die Erfahrung macht, dass sein Schmerzverhalten mit Zuwendung belohnt wird, ihm also einen »sekundären Krankheitsgewinn« im psychosozialen Bereich bringt (Flor 2003). Dabei handelt es sich offenbar um eine unbewusste Verstärkung der Wahrnehmung von Rückenschmerzen infolge einer (erlernten) gesteigerten neuronalen Aktivität im anterioren Gyrus cinguli; es können aber auch noch andere Hirnregionen betroffen sein. Wie Herta Flor und ihre Mitarbeiter herausfanden, vergrößert sich beispielsweise bei chronischen Rückenschmerzen generell das für den Rücken zuständige Hirnareal im somatosensorischen Kortex auf Kosten anderer Areale, und zwar progressiv mit der Dauer der Schmerzen (Flor 2003). Dies ist vermutlich eine neuroplastische Anpassung bei Schmerzpatienten, in deren Bewusstsein der Rücken zunehmend mehr Beachtung findet und damit einen immer größeren »Stellenwert« erhält – was natürlich ganz besonders dann der Fall ist, wenn Schmerzpatienten ihren Schmerz »katastrophieren« und sich ständig besorgt auf ihr Rückenleiden fixieren (Hasenbring 2000). Der Rückenschmerz wird dann immer schlimmer, chronifiziert und »gräbt« sich infolge der neuronalen Umstrukturierung mit zunehmendem Alter immer tiefer ins (implizite) Schmerzgedächtnis ein.

Die genaue Abgrenzung von »psychisch« und organisch bedingten

Schmerzen ist aber auch und gerade bei älteren Menschen nicht einfach (vgl. Adler 1996). Denn Seelisches beeinflusst den Körper und umgekehrt. So ist jeder chronische Schmerz ein Stressor, der wiederum (schmerzhafte) Muskelverspannungen verursacht und die Betroffenen verzweifeln lässt, ja sogar in eine Depression treiben kann. Andererseits verstärkt aber die Depression und die damit verbundene negative, katastrophierende Denkweise wiederum den Schmerz, zumal körperliche und seelische Schmerzen in der gleichen Hirnstruktur der Schmerzmatrix – im anterioren Gyrus cinguli – repräsentiert werden. Dessen Aktivität wird bei seelischem Schmerz genau so verstärkt wie bei Körperschmerz (vgl. Eisenberger u. Lieberman 2004). Schmerz wird bei guter Stimmung weniger, bei schlechter Laune und »Gestresstheit« hingegen stärker wahrgenommen: »Change the mood, and it changes the pain« wie die Angloamerikaner sagen. Nicht selten verbirgt sich hinter chronischem Rückenschmerz eine larvierte Depression.

Wie oben erläutert, hängt aber ein Schmerz auch davon ab, wie viel Aufmerksamkeit man ihm schenkt. Ob man den aktuellen Schmerz weniger oder mehr beachtet oder gar als gravierend bewertet, das hängt nicht zuletzt von früheren Schmerzerfahrungen ab, die im »Schmerzgedächtnis« gespeichert sind. Entscheidend für die Bewertung des Schmerzes ist dessen kognitive Komponente, die ihm zugemessene Bedeutung; sie ergibt sich aus dem Vergleich des aktuellen Schmerzes mit früheren Schmerzerfahrungen, auch solchen in der Kindheit. Kinder, die von klein auf geschlagen wurden und die Brutalität von Bezugspersonen erfahren haben, neigen im späteren Leben zu psychosomatischen Schmerzen; sie sind »pain prone« und haben – um es mit Rolf Adler (1996) etwas überspitzt zu sagen – geradezu eine »Neigung, Schmerz erleiden zu müssen«. Die tiefer liegenden Ursachen für den Schmerz Erwachsener können unter Umständen weit in der Kindheit zurückliegen und sind dann meistens in früheren (meist frühkindlichen) traumatischen Erfahrungen von Gewalt und körperlichem oder seelischem Schmerz zu suchen (Heinl u. Heinl 2004). Man denke an Misshandlungen, die sich ins (implizite) Schmerzgedächtnis »eingegraben« haben und das (neuroplastische) Gehirn verändern. Sie werden im späteren Leben vor allem durch »Auslöser« wieder belebt werden, welche das dem Schmerzgeschehen zugrunde liegende Trauma von damals in Erinnerung rufen.

Das Schmerzgedächtnis produziert offenbar »aus der Erinnerung« Schmerzen, die früher durchgemachten Schmerzen ähneln, die – um mit Guido Mattanza zu sprechen – quasi als »innere Bilder« im Körpergedächtnis gespeichert sind. Hildegund und Peter Heinl (2004, S. 42) berichten z.b. von einem älteren Patienten, der bei Stress an genau den Stellen am Rücken (somatoforme) Schmerzen bekam, an der er als Kind Prügel erhielt. Er wurde durch Psychotherapie von seinen Schmerzen befreit. Laut Mattanza (persönliche Mitteilung) prägen im frühen Kindesalter durchlittene Traumata als »mächtige innere Bilder« die Betroffenen ganz und gar und machen sie misstrauisch, verängstigt und depressiv aber auch »pain prone«. In solchen Fällen, so Mattanza, greife eine ausschließlich kognitive Therapie nicht, weil das notwendige Vertrauen den Schmerzpatienten ebenso fehle wie das Selbstvertrauen, sich selber helfen zu können und die dafür erforderlichen Fähigkeiten zu haben. Erforderlich sei vielmehr der Aufbau einer – auf emotionaler Basis – schützenden und tragfähigen aber auch vertrauensvollen therapeutischen Beziehung.

Resumee

Als Fazit ist noch einmal festzuhalten, dass die strenge Unterscheidung zwischen somatisch und »psychisch« bedingten (somatoformen) Rückenschmerzen sehr fragwürdig ist, zum einen, weil bei allen chronischen Schmerzen (somatische) Veränderungen in der Schmerzmatrix des Gehirns die Folge sein können und zum andern, weil die Aktivität der Schmerzmatrix und damit die Schmerzempfindung nicht nur von den peripheren »Schmerzrezeptoren« (Nozizeptoren) beeinflusst wird, sondern auch und vor allem von seelischen bzw. mentalen Gegebenheiten – d.h. nicht zuletzt von der Beachtung, die der Schmerz erfährt. Bei der Behandlung chronischer Schmerzen ist also generell ein integrativ-psychosomatisches Vorgehen und eine ganzheitliche Sichtweise angezeigt, welche die körperlichen Symptome ernst nimmt aber auch die seelischen Aspekte berücksichtigt, insbesondere die Biographie des Schmerzpatienten (Rüegg 2007). Eine Schmerztherapie kann, muss aber nicht auf Psychopharmaka und starke Schmerzmittel zurückgreifen, wie die eingangs erwähnte Krankengeschichte der Schmerzpatientin Frau B. deutlich macht. Sie hat sich ihren Schmerz quasi »weggedacht« – durch Ablenkung. Auch der berühmte Heidelberger Philosoph Hans-Georg Gadamer (1900–2002) litt sein Leben lang unter Schmerzen, die er kognitiv – also nicht durch Medikamente, sondern durch seinen Geist, seine Kreativität – bekämpfte. Als Schmerzpatient, der über 100 Jahre geworden ist, sagte er in seiner letzten Rede am 11. November 2000 (Gadamer 2003, S. 27): »Hier gibt es offenbar die Möglichkeit, durch das eigene Sich-Wehren gegen den Schmerz in diesen einzugreifen, indem man sich dem ganz hingibt, was einen ganz erfüllt«.

Literatur

Adler RH (1996) Schmerz. In: Adler RH, Herrmann JM, Köhle K, Schonecke OE, Uexküll T v, Wesiack W (Hg) Psychosomatische Medizin. 5. Aufl. München, Wien, Baltimore (Urban & Schwarzenberg) 262–76.

de Charms RC, Maeda F, Glover GH, Ludlow D, Pauly JM, Soneji D, Gabrieli JD, Mackey SC (2005) Control over brain activation and pain learned by using real-time functional MRI. Proc Natl Acad Sci. 102: 18626–31.

Eisenberger NI, Lieberman MD (2004) Why rejection hurts: a common neural alarm system for physical and social pain. Trends Cognitive Science 8: 294–300.

Flor H (2003) Wie verlernt das Gehirn den Schmerz? Verletzungsbezogene und therapeutisch induzierte neuroplastische Veränderungen des Gehirns bei Schmerz und psychosomatischen Störungen. In: Schiepek G (Hg) Neurobiologie der Psychotherapie. Stuttgart-New York (Schattauer) 213–23.

Frauenknecht S, Brunnhuber S (2005) Neurotische Belastungs- und somatoforme Störungen. In: Brunnhuber S, Frauenknecht S, Lieb K (Hg) Intensiv Kurs Psychiatrie und Psychotherapie, 5. Aufl. München-Jena (Urban&Fischer) 233–94.

Gadamer H-G (2003) Schmerz – Einschätzungen aus medizinischer, philosophischer und therapeutischer Sicht. Heidelberg (Universitätsverlag Winter).

Hartvigsen J, Christensen K, Frederiksen H (2003) Back pain remains a common symptom in old age. a population-based study of 4486 Danish twins aged 70–102. Eur Spine J 12: 528–34.

Hasenbring M (2000). Attentional control of pain and the process of chronification. In: Sandkühler J, Bromm B, Gebhart GF (eds) Nervous System Plasticity and Chronic Pain. Progress in Brain Research; Bd. 129. Amsterdam (Elsevier Science B.V.) 525–534.

Heinl H, Heinl P (2004) Körperschmerz – Seelenschmerz. Die Psychosomatik des Bewegungssystems. Ein Leitfaden. München (Kösel-Verlag).

Kant I (1797) Von der Macht des Gemüts des Menschen, über seine krankhaften Gefühle durch den bloßen Vorsatz Meister zu sein. Hufelands Journal der praktischen Heilkunde; Jahrgang 97 (II): 6–22. Nachdruck: Werke in sechs Bänden. Bd. 6. Darmstadt (Wissenschaftliche Buchgesellschaft 1998) 371–93.

Koyama T, McHaffie JG, Laurienti PJ, Coghill RC (2005) The subjective experience of pain: where expectations become reality. Proc Nat Acad Sci USA. 102: 12950–5.

Nakamura Y, Paur R, Zimmermann R, Bromm B (2002) Attentional modulation of human pain processing in the secondary somatosensory cortex: a magnetoencephalographic study. Neurosci Lett 328: 29–32.

Rainville P, Duncan GH, Price DD, Carrier B, Bushnell MC (1997). Pain affect encoded in human anterior cingulate but not somatosensory cortex. Science 277: 968–971.

Rüegg, JC (2007) Gehirn, Psyche und Körper – Neurobiologie von Psychosomatik und Psychotherapie. Stuttgart-New York (Schattauer).

Valet M, Sprenger T, Boecker H, Willoch F, Rummeny E, Conrad B, Erhard P, Tolle TR (2004) Distraction modulates connectivity of the cingulo-frontal cortex and the midbrain during pain – an fMRI analysis. Pain 109: 399–408.

Wager TD, Rilling JK, Smith EE, Sokolik A, Casey KL, Davidson RJ, Kosslyn SM, Rose RM, Cohen JD (2004) Placebo-induced changes in FMRI in the anticipation and experience of pain. Science 303: 1162–67.

Korrespondenzadresse:
Prof. em. Dr. med. J. C. Rüegg
Haagackerweg 10
D–69493 Hirschberg
Email: *Caspar.Rueegg@urz.uni-heidelberg.de*

Bedeutung und Funktion des Lebensrückblicks in der zweiten Lebenshälfte

Pasqualina Perrig-Chiello (Bern)

Zusammenfassung

Biographie-Arbeit ist in der geriatrischen und gerontologischen Arbeit »en mode«. Im Grunde aber ist Biographie-Arbeit eine lebenslange Entwicklungsaufgabe und insbesondere in biographischen Übergangsphasen (Transitionen) von entscheidender Bedeutung. Trotz der Richtigkeit dieser allgemeinen Annahme, bestehen hinsichtlich Bedeutung und Funktionen autobiographischer Erinnerung noch erhebliche Forschungslücken. Sind autobiographische Erinnerungen eher Dichtung als Wahrheit? Was wäre die dahinter liegende Motivation zu »dichten«? Gibt es alterabhängige systematische Tendenzen, individuelle Unterschiede? Gibt es schliesslich einen Wirkungsnachweis für die praktizierte »Biographie-Arbeit«?

Diese und weiterführende Fragen sind Gegenstand dieses Artikels. In einem ersten Teil werden die verschiedenen Formen autobiographischer Erinnerung in der zweiten Lebenshälfte ausgeleuchtet. Dann interessiert die Frage nach den grundlegenden Mechanismen und Determinanten spezifischer Erinnerungsformen. Schliesslich sollen die praktischen Implikationen der berichteten Forschungsresultate für die beratende und therapeutische Praxis diskutiert werden.

Stichworte: Lebensrückblick, zweite Lebenshälfte, systematische Fehler, Persönlichkeit, situativer Kontext

Abstract: Meaning and Function of Life Review in the Second Half of Life

Life review is presently »in vogue« in gerontology and geriatrics. Basically life review is a life-long developmental task, and is of crucial importance especially during biographical transitions. Despite general agreement on this assumption, there are considerable research gaps concerning the importance and function of autobiographical memories. Are autobiographical memories fiction rather than truth? What might be the underlying motivation to fictionalize? Are there age-correlated systematic tendencies or individual differences? Is there empirical evidence for the efficacy of practiced life reviews? These and further questions are the contents of this article. The first part will shed light on the different forms of autobiographical memories in the second half of life. Then, we will focus on the underlying mechanisms and determinants of specific forms of autobiographical memories. Finally, we will discuss the practical impact of the reported research findings on counselling and therapeutic practice.

Keywords: life review, second half of life, memory bias, personality, context

Formen autobiographischer Erinnerung

Eine häufige Beobachtung bei älteren Menschen ist, dass sie sich mit großer Vorliebe mit ihren autobiographischen Erinnerungen auseinander setzen und diese anderen auch gerne mitteilen. Nicht selten wird diese Tendenz in unserer Gesellschaft mit negativen Stereotypien belegt. Alte Menschen würden ein Leben in der Vergangenheit führen, diese glorifizieren und seien nicht mehr offen für Neues. Dass es sich bei diesen Annahmen um unzutreffende Generalisierungen handelt, werden wir später sehen.

Richtig ist, dass in der Tat bereits ab der Lebensmitte – und nicht erst im Alter – die Tendenz, sich mit der eigenen Vergangenheit auseinander zu setzen, beobachtbar ist. In intensiver Form kann dies beispielsweise bei Personen im Übergang in die zweite Lebenshälfte, also um das 40. Lebensjahr herum, beobachtet werden. Eine mögliche Erklärung liegt darin, dass diese biographische Transition (Übergangsphase) die Auseinandersetzung mit dem Älterwerden erforderlich macht. Gedacht wird in einem veränderten Zeitraster und zwar nicht mehr in Jahren nach der Geburt, sondern in Zeiteinheiten, die noch zum Leben bleiben. Vor dem Hintergrund sich stetig eingrenzender beruflicher, familialer, partnerschaftlicher und physischer Optionen findet eine Auseinandersetzung mit den ursprünglichen Lebensentwürfen sowie eine Bilanzierung des bisher Erreichten bzw. Nichterreichten statt. Die Bewertung der eigenen Vergangenheit in Bezug auf die Gegenwart ist eine wichtige Voraussetzung, um die Weichen für die Zukunft zu legen – eine

Zukunft, welche nun im Bewusstsein der Betroffenen endlich geworden ist und welche eine Umgewichtung der Lebensziele unumgänglich macht.

Bei alten Menschen liegen die Akzente etwas anders, bei diesen geht es nicht um eine mögliche Neuorientierung, sondern um ein Sinn-gebendes Zusammenfügen und Integrieren des bisher Gelebten. Auffällig sind hierbei bei einer Mehrzahl der alten Menschen zwei Phänomene: Zum einen berichten sie überzufällig viele Erlebnisse aus ihrer Jugendzeit und ihrem jungen Erwachsenenalter, zum anderen tendieren sie dazu, diese Erinnerungen emotional hoch zu bewerten, was manchmal bis zur Verklärung des Vergangenen und dem Abwerten des Gegenwärtigen gehen kann.

> »Fast dreißig Jahre sind vergangen, seitdem ich von Bossey wegging, ohne dass ich mich des Aufenthaltes dort mit Vergnügen erinnert hätte, aber seitdem ich ins reife Alter eingetreten bin, fühle ich diese Erinnerungen wieder wach werden; (...) sie prägen sich in mein Gedächtnis ein mit Zügen, deren Reiz und Stärke von Tag zu Tag zunehmen.« (Bekenntnisse« von J. J. Rousseau 1985, orig. 1770)

Diese Phänomene bedürfen einer Erklärung. Gelten sie für alle alten Menschen? Variiert dieses Umbewerten und neu Interpretieren des Vergangenen mit den unterschiedlichen Kontextbedingungen der gelebten Biographien oder ist es vielmehr eine Frage der Persönlichkeit?

Mechanismen und Determinanten biographischer Erinnerung

In der Gedächtnisforschung ist aufgrund empirischer Evidenz unbestritten, dass biographische Erinnerungen keine objektiven Wiedergaben sondern subjektive Rekonstruktionen mit multiplen systematischen Verzerrungen sind. Dieses Faktum steht allerdings im Widerspruch zur Alltagserfahrung und dem Glauben vieler Menschen, dass ihre Erinnerungen korrekt und verlässlich seien. Folgendes Beispiel aus den Lebenserinnerungen des fast 70-jährigen Dichters und Nobelpreisträgers Carl Spitteler illustriert dies sehr schön. Spitteler schildert, wie er als Kleinkind (im 1. Lebensjahr!) eine Szene in seinem Heimatstädtchen Liestal miterlebte, »wo in einem engen Gässlein eine Reihe aufgebrachter Weiber mit den Armen wütend in qualmenden Kesseln herumschlugen« (Spitteler 1995, orig. 1914, 19).

Da man aber in der Gedächtnispsychologie von einer Kindheitsamnesie ausgeht, wonach Erwachsene sich nicht an Ereignisse der ersten drei bis vier Lebensjahre erinnern können, sind hier ernsthafte Zweifel angebracht. Es stellt sich die Frage, ob es nicht um eine von anderen gehörte und übernommene Erzählung handelt. Solche Zweifel versucht Spitteler ganz energisch zu zerstreuen:

>»Nein es handelt sich bei meinen Erinnerungen um die reine sachliche Wahrheit,« (...) Und wenn sie etwa zu der psychologischen Wissenschaft nicht stimmt, umso schlimmer für die psychologische Wissenschaft. Die Tatsachen haben sich nicht nach der Wissenschaft zu korrigieren, sondern die Wissenschaft nach den Tatsachen« (Spitteler 1995, orig. 1914, 92–93)

Nun, es soll hier dennoch versucht werden, die Ehre der Wissenschaft zu retten. Erstens interessiert die Frage, inwiefern Erinnerungen ein Amalgam (d. h. eine Verbindung) von Gedächtniseindrücken – von aktuell wahrgenommener Information sowie von situativen und persönlichen Faktoren – sind und zweitens, welche soziale und entwicklungspsychologische Funktion diese Erinnerungen erfüllen.

Persönlichkeitsfaktoren als Determinanten biographischer Rekonstruktion

Die Frage nach dem Zusammenhang zwischen biographischen Erinnerungen und Persönlichkeitsfaktoren erfreut sich eines zunehmenden Forschungsinteresses. Dabei wurden Faktoren identifiziert, welche die individuelle Bereitschaft zu Gedächtnisverzerrungen vorhersagen. Zu diesen Faktoren gehören beispielsweise Suggestibilität, Extraversion, Arbeitsgedächtniskapazität, Intelligenz, Bildungsniveau und kreative Vorstellungskraft. Kinder und ältere Menschen haben außerdem weniger präzise Erinnerungsleistungen und sind anfälliger für suggerierte Erinnerungen als Personen im jungen und mittleren Erwachsenenalter (Nourkova et al. 2004). Personen mit einem niedrigeren Bildungsniveau haben zwar ebenfalls schlechtere Erinnerungsleistungen, sind aber nicht anfälliger für suggerierte Erinnerungen als jene mit einer höheren Bildung. Was das Geschlecht anbelangt, so lassen sich in der Regel keine systematischen Effekte nachweisen. Studien, in denen Zusammenhänge zwischen Persönlichkeitsdimensionen und autobiographischer Erinnerungen untersucht wurden, legen zudem nahe, dass vor allem Extraversion und Offenheit in einem signifikant positiven Zusammenhang zur autobiographischen Erinnerung stehen.

Im Rahmen der Basler Altersstudie sind wir der Frage nach dem Zusammenhang (Interdependenz) zwischen Lebensereignissen, Persönlichkeitseigenschaften und psychischem Wohlbefinden nachgegangen. 442 Personen im Alter zwischen 65 und 93 Jahren wurden u. a. über besondere biographische Ereignisse der letzten 20 Jahre befragt (Perrig-Chiello & Perrig 2005; 2007). Diesen wurde eine Liste mit Lebensereignissen präsentiert zu den thematischen Bereichen Arbeit, Gesundheit, Partnerschaft/Familie, Todesfälle, finanzielle Belange und Aktivitäten. Die Befragten wurden gebeten, zu jedem Themengebiet allfällige Ereignisse anzugeben, sie zeitlich zu orten und deren emotionale Valenz zum damaligen Zeitpunkt wiederzugeben. Die Resultate zeigen in Bezug auf die negativen Lebensereignisse keine Alterseffekte wohl aber eine altersabhängige signifikante Abnahme der berichteten positiven Lebensereignisse, dies unabhängig vom Geschlecht. Die Anzahl der erinnerten positiven Lebensereignisse korrelierte positiv mit psychischem Wohlbefinden und negativ mit Neurotizismus, während die Anzahl der berichteten negativen Lebensereignisse nur positiv mit Neurotizismus in Zusammenhang stand.

Zu ähnlichen Ergebnissen kamen wir in einer Studie mit Personen im mittleren Lebensalter. Hier wurden 268 Personen im Alter zwischen 40–55 Jahren zu ihren biographischen Transitionen befragt, wobei eine Liste von altersnormierten (angefangen vom Schuleintritt über Pubertät bis zur Pensionierung) sowie nicht-altersnormierten (z.B. Mutterschaft, Scheidung, Tod der Eltern) Transitionen vorgegeben wurde. Die Befragten sollten angeben, ob, wann und wie sie diese biographischen Transitionen erlebt hatten. Als Resultat zeigt sich, dass die Erinnerung an vergangene zentrale biographische Transitionen, namentlich an die Pubertät, in Zusammenhang mit der aktuellen psychischen Befindlichkeit steht (d. h. je positiver die Erinnerung, desto besser die psychische Befindlichkeit). Die Erinnerung an vergangene biographische Transitionen ist außerdem von Persönlichkeitsfaktoren wie Neurotizismus und Gewissenhaftigkeit überlagert (Perrig-Chiello & Perrig 2005).

Es mag von Interesse sein, dass wir in weiteren Untersuchungen nachweisen konnten, dass selbst die episodische Erinnerung (z.B. die freie Wiedergabe in einem Gedächtnistest, welche nicht emotional überlagert ist) von Persönlichkeitsfaktoren beeinflusst wird (Meier et al. 2002). Die Tatsache, dass auch die episodische Erinnerung durch Persönlichkeitsfaktoren vorhergesagt werden kann, lässt die Vermutung zu, dass die Art und Weise, wie autobiographische Daten wieder erinnert werden, nicht primär bewusste »Zurechtbiegungen« des Vergangenen sondern im Wesentlichen habituelle, systematische und möglicherweise kaum bewusste aber absichtliche Aktionen sind.

Persönlichkeitsfaktoren sind zwar wichtige Determinanten der Erinnerungen, sie erklären aber nur einen Teil der Varianz des Phänomens. Welche Rolle spielt der Lebenskontext?

Der aktuelle Lebenskontext als Determinante biographischer Rekonstruktion

In verschiedenen Untersuchungen wurde nachgewiesen, dass Personen retrospektiv die Intensität eines früheren Gemützustandes vielfach massiv über- oder unterschätzen. So weiss man, dass persönliche Erinnerungen an einen vergangenen emotionalen Zustand ganz erheblich durch die gegenwärtige Einschätzung desselben wie auch durch die gegenwärtige Befindlichkeit beeinflusst werden. Beispielsweise variiert die Erinnerung an einen vergangenen Schmerz mit der Intensität eines gegenwärtig erlebten Schmerzes.

Analog konnten wir in eigenen Untersuchungen verzerrende Effekte auf die biographische Erinnerung nachweisen, welche durch den aktuellen Lebenskontext determiniert waren.

Im Rahmen der obgenannten Studie zum Erleben von biographischen Transitionen im mittleren Lebensalter teilten wir Frauen, welche sich in unterschiedlichen Lebenssituationen befanden, in zwei Gruppen ein: Eine Gruppe von »normalen« Frauen (N=92, Durchschnittsalter 52 Jahre) wurde einer klinischen Gruppe von Frauen gleichen Alters gegenüber gestellt (N=45) (Perrig-Chiello & Perrig, 2005). Die Frauen der klinischen Gruppe befanden sich zum Untersuchungszeitpunkt in psychotherapeutischer Behandlung in einer Rehabilitationsklinik infolge einer psychischen Dekompensation im Zusammenhang mit kritischen Lebensereignissen, namentlich dem Verlust des Partners. Bei der Mehrheit der Frauen (N=35) war der Grund der Behandlung eine Scheidung/Trennung vom Partner, bei den restlichen Frauen (N=6) der Tod des Partners sowie eine Kombination von Partnerverlust und Jobverlust (N=5). Gemeinsam war die Trauer um den Verlust des Partners. Aufgrund des Problem beladenen Kontexts der klinischen Gruppe erwarteten wir, dass deren retrospektive Beurteilung biographischer Transitionen durchgehend negativer ausfallen würde als jene der »normalen« Gruppe. Gemäß unseren Erwartungen berichtete die klinische Gruppe mehr negative biographische Ereignisse als die Vergleichsgruppe. Zudem war ebenfalls erwartungsgemäß die emotionale Valenz der berichteten biographischen Transitionen negativer, allerdings mit einer grossen Ausnahme, nämlich der »grossen Liebe«. Die Frauen der klinischen Gruppe berichteten von einer viel positiveren emotionalen Valenz dieses romantischen Lebensereignisses als die Frauen der Vergleichsgruppe. In ihrer Einschätzung war die grosse Liebe in ihrer emotionalen Valenz viel grösser und schöner als diejenige anderer Leute in vergleichbarer Situation!

Wie kann dieser kontraintuitive, ja kontradiktorische Befund interpretiert werden? Warum nimmt bei diesen um ihren Partner trauernden Frauen ausgerechnet diese romantische Erinnerung eine solche Sonderstellung ein? Handelt es sich hier um einen kompensierenden Mechanismus, um eine Selbstwert-dienliche Uminterpretation, welche die aktuellen Selbstzweifel und die Trauer im Zusammenhang mit der verlorenen Beziehung reduzieren könnten? Wir können hier nur Vermutungen anstellen. Ganz offensichtlich determiniert der aktuelle Lebenskontext nicht nur die Wahrnehmung des Gegenwärtigen sondern beeinflusst in hohem Masse das Wiedererinnern des Vergangenen. Die Erinnerung an die Vergangenheit geht somit weit über das blosse Berichten von biographischen Fakten hinaus. Sie impliziert eine mehr oder weniger bewusste und motivierte Wahrnehmung, eine rekonstruktive Rekollektion und Interpretation dessen, was war. Hier stellt sich unweigerlich die Frage, nach der Funktion dieser motivierten Wahrnehmung und der Rekonstruktion der eigenen Vergangenheit.

Funktionen biographischer Rekonstruktion

1925 veröffentlichte Maurice Halbwachs, Professor an der Sorbonne in Paris, ein Buch mit dem Titel »Das Gedächtnis und seine sozialen Bedingungen«. In diesem Buch, welches erst 1985 auf deutsch herausgegeben und von der »Scientific Community« kaum wahrgenommen wurde, legt der Autor eine scharfsinnige und sehr modern anmutenden Analyse der gesellschaftlichen Mechanismen und Determinanten der biographischen Rekonstruktion bei alten Menschen vor:

»Insgesamt interessiert sich der Greis viel mehr für die Vergangenheit als der Erwachsene, aber daraus folgt nicht, dass er in der Lage wäre, mehr Erinnerungen von dieser Vergangenheit sich ins Gedächtnis zu rufen denn als Erwachsener. (...) Man wird die Gründe besser verstehen, die in ihm dieses neue Interesse für eine lange vernachlässigte Lebensperiode erwecken, wenn man ihn in der Gesellschaft sieht, für die er kein aktives Mitglied mehr ist. (...) Diese Rekonstruktionsarbeit vollzieht sich gleichzeitig unter dem Druck der Vorurteile und Vorlieben der Gesellschaft für alte Leute.« (Halbwachs 1925, 151)

Mit diesem Traktat nahm Halbwachs einen Diskurs vorweg. In der Tat rückte die Frage nach der Funktion autobiographischer Erinnerung erst in den letzten 20 Jahren zunehmend ins Zentrum des Interesses. Hierbei lassen sich grob zwei Forschungsansätze unterscheiden, einen soziologisch-interpretativen und einen entwicklungspsychologischen. Diese Ansätze sollen hier kurz skizziert werden.

– Der *soziologisch-interpretative Ansatz* geht davon aus, dass biographische Erinnerungen in sozialen Interaktionen vor allem die Aufgabe haben, den Wert und die Nützlichkeit einer Person in der Gesellschaft zu demonstrieren und ihren Selbstwert zu stärken (Romaniuk 1981). Das Mitteilen von Lebenserinnerungen wird primär als eine soziale Aktivität, als eine Form der Selbstenthüllung angesehen. Das Teilen der eigenen Erinnerungen mit anderen macht eine Konversation glaubwürdiger, intimer und ist ein geeigneter Weg, andere zu informieren, gegebenenfalls auch zu belehren. Die belehrende Funktion wird mit zunehmendem Alter vor allem in familialen intergenerationellen Beziehungen wichtiger. Daneben ist eine weitere Funktion nicht zu unterschätzen, nämlich die, Interesse und empathische Reaktionen seitens der Zuhörenden zu evozieren und eine Stärkung der sozialen Beziehung zu erlangen. Vor allem für alte Menschen, welche häufig negativen Stereotypen ausgesetzt sind, ist eine positive Selbstdarstellung von zentraler Bedeutung. Sie müssen ihre positive Identität immer wieder verteidigen und bekräftigen. Alte Menschen rekonstruieren somit ihre Lebensgeschichte primär, um sich gegen die Stigmatisierung des Alters zur Wehr zu setzen. Dadurch sind sie besser in der Lage, ihre Identität zu kontrollieren und in sozialen Interaktionen zu verhandeln.

– Der *entwicklungspsychologische Ansatz* basiert auf wegbereitenden Arbeiten von Lewis & Butler (1974) und Erikson (1982) und betont die individuelle Auseinandersetzung mit der eigenen Biographie. Diese Auseinandersetzung wird nicht erst in der zweiten Lebenshälfte aktuell. Menschen konstruieren und rekonstruieren ihre Lebensgeschichte im Sinne einer immer wieder neu gestellten Entwicklungsaufgabe in jeder Altersstufe etwas anders. In jedem Alter aber ist sie für Identität, Sinnfindung und Befindlichkeit existentiell. In der zweiten Lebenshälfte wird diese Rekonstruktionsarbeit aber aufgrund des sich ständig weiter eingrenzenden Zeitrahmens und geringer werdenden Optionen existentieller.

Es geht hier zum einen um die zentrale Frage nach der kohärenten Kontinuität des Selbst, zum anderen aber auch um die zielgerichtete Gestaltung anstehender Aufgaben. So berichten ältere Menschen vielfach von Lektionen, die ihnen das Leben erteilt hat, und wie sie diese nutzen. Das Selbst braucht eine gewisse historische Kontinuität und hierbei erweist sich als zentraler Referenzpunkt autobiographischer Erinnerung die Adoleszenz, wie dies am Phänomen des *»reminiscence bump«* demonstriert werden konnte: Dieses konsistent nachgewiesene Phänomen bezieht sich auf die Tatsache, dass Erwachsene mittleren und höheren Alters in der Regel als biographische Erinnerungen mit Vorliebe Ereignisse aus der Adoleszenz und aus dem jungen Erwachsenenalter berichten, dies obwohl sonstige frühere Ereignisse im Laufe der Zeit immer schwieriger zugänglich werden. Interpretiert wurde dieses Phänomen dahingehend, dass die gute Zugänglichkeit zu diesen Ereignissen darauf zurück zu führen sei, dass die Erfahrungen in dieser Zeitspanne von zentraler Bedeutung für die Identitätsbildung waren.

Die Funktion autobiographischer Erinnerung, ein kohärentes Selbst aufrechtzuerhalten, steht in engem Zusammenhang mit der Regulation des psychischen Wohlbefindens. Bereits Lewis und Butler (1974) haben darauf hingewiesen, dass Personen, die sich in ihrer gegenwärtigen Lebenssituation gestresst fühlen, vermehrt das Bedürfnis haben, sich an einem früheren, sichereren Selbst zu orientieren. Vor allem in Zeiten der Veränderung (in biographischen Transitionen wie beispielsweise bei Trennung, Scheidung oder Verwitwung) geht es ganz offensichtlich darum, trotz einer anstehenden Rollenveränderung die Kontinuität des Selbst aufrecht zu erhalten. Das gegenwärtig Gelebte ist mit dem bisher Erlebten in Einklang zu bringen und zwar so, dass das Ganze einen Sinn macht.

Es ist eine lebenslange Entwicklungsaufgabe des Menschen, das bisher Gelebte kontinuierlich zu einer »Sinn-vollen« Ganzheit zu verbinden. Deshalb verändern sich die individuellen Interpretationen der eigenen Vergangenheit über die Zeit. Aufgrund sozialer und biologischer Veränderungen wird die persönliche Lebensgeschichte kontinuierlich revidiert, damit diese auch Sinn macht. So ist gemäß Erikson (1982) die letzte und wichtigste Entwicklungsaufgabe eines Menschen, eine Balance zwischen *Integrität* und *Verzweiflung* bezüglich des eigenen Lebens zu erreichen. Die Konfrontation mit dem nahenden Tod wird zwingend zum Anlass der Deutung des eigenen Lebens. Die eigene Biographie wird einer kritischen Prüfung unterzogen – die Geschehnisse werden memorisiert, inventarisiert und bekommen einen bestimmten Platz, die Erfahrungen werden so sortiert und in die Biographie integriert, dass das Ganze allen möglichen Inkongruenzen zum Trotz einen Sinn macht.

Zusammenfassendes Fazit und Implikationen

Die Beurteilung des praktischen Wertes von autobiographischen Erinnerungen hat sich in den letzten Jahrzehnten entscheidend gewandelt. Statt die Beschäftigung älterer Menschen mit ihrer Vergangenheit abzuwerten, begannen Forscherinnen und Forscher sowie praktisch Tätige diese zunehmend als Teil eines notwendigen und sinnvollen Lebensrückblickes und als einen Versuch zu begreifen, eine Einstellung zum eigenen Leben zu finden, die der Integration des Selbst auch als Vorbereitung auf den Tod dient. Insbesondere in der Praxis erfreut sich die »Biographie-Arbeit« einer zunehmenden Beliebtheit. Ein möglicher Grund könnte darin liegen – unabhängig vom Nutzen des Lebensrückblicks –, dass ältere Menschen Psychotherapie oft mit großem Vorbehalt begegnen und dass fachlich durchgeführte Biographie-Arbeit niederschwelliger wahrgenommen wird und so einen einfacheren Zugang zur benötigten Hilfe verspricht.

Den potentiellen Nutzen des Lebensrückblicks legen auch Untersuchungsergebnisse nahe, wonach ältere Menschen, die sich bewusst mit ihren autobiographischen Erinnerungen beschäftigen, seltener depressiv und geistig gesünder sind als Altersgenossen, die kein solches Interesse zeigen. Neuere Untersuchungen lassen darauf schließen, dass der adaptive Nutzen von Lebenserinnerungen davon abhängt, welcher Art sie sind. Wenn Erinnerungen bloß der Glorifizierung der Vergangenheit oder der Schuldzuschreibung für gegenwärtiges Unbehagen dienen, dann tragen sie kaum zur Befindlichkeitsregulation bei. Lebenserinnerungen, die sich dagegen mit früheren

Lebensentwürfen, Plänen und Entscheidungen auseinandersetzen und dazu dienen, Vergangenheit und Gegenwart miteinander zu versöhnen, wirken sich positiv aus.

Leider gibt es bislang noch wenig Interventionsstudien, welche den Nutzen von systematisch durchgeführter Biographie-Arbeit empirisch nachweisen. Die Ergebnisse dieser Studien sind indes viel versprechend (Arkoff & Meredith 2004). So konnte in einem wöchentlich durchgeführten 2-stündigen Workshop (Programmdauer 14 Wochen) das psychische Wohlbefinden der Interventionsgruppe (18 Personen, 65 Jahre) im Vergleich zur Kontrollgruppe signifikant gesteigert werden. In einer anderen Studie konnten Hanaoka & Okamura (2004) gar mittel- bis längerfristige Effekte nachweisen: Im Vergleich zur Kontrollgruppe hatte die Interventionsgruppe noch drei Monate nach der Intervention signifikant niedrigere Depressionsraten als die Vergleichsgruppe.

Der Lebensrückblick gewinnt bei Menschen mit schwierigen, traumatischen Biographien eine ganz besondere Bedeutung, dies haben Studien mit Holocaust-Überlebenden eindrücklich gezeigt. Wie der Psychotherapeut Yael Danieli (1994) schildert, gelang es vielen Holocaust-Überlebenden nicht, die erlebten Traumata in eine umfassende *Lebensgeschichte* zu integrieren und sie mit dem Rest ihres Lebens in Einklang zu bringen, was mit Gefühlen der Hilflosigkeit und Verzweiflung assoziiert war. Die Integration traumatischer Erfahrungen in eine umfassende Lebensgeschichte ist nach Danieli auch notwendig, um zu verhindern, dass die generationenübergreifende Gedächtniskette abreisst. Denn das Bedürfnis, Erinnerungen weiter zu geben und Generationen übergreifend zu bewahren, ist den Menschen eigen. In diesem Sinne ist die Herausforderung zukünftiger Forschungsbemühungen, Lebensrückblicke vermehrt interdisziplinär zu erforschen – nicht bloß im individuellen *oder* kulturell-historischen Kontext – sondern sowohl als auch.

Literatur

Arkoff A & Meredith GM (2004) Gains in well-being achieved through retrospective-proactive life review by independent older women. Journal of Humanistic Psychology 44(2): 204–214.

Danieli Y (1994) As survivors age. Part 1. Clinical Quarterly 4: 3–7.

Erikson EH (1982) The life cycle completed. A review. New York (Norton).

Hanaoka H, Okamura H (2004) Study on effect of life review activities on the quality of life of the elderly. Psychotherapy and Psychosomatics 73: 302–311.

Halbwachs M (1925/1985) Das Gedächtnis und seine sozialen Bedingungen. Frankfurt (Suhrkamp).

Lewis MI, Butler RN (1974) Life-review therapy Putting memories to work in individual and group psychotherapy. Geriatrics 29: 165–173.

Meier B, Perrig-Chiello P, Perrig W (2002) The impact of personality on memory Performance in elderly. Aging, Neuropsychology and Cognition 9(2): 135–144.

Nourkova V, Bernstein DM, Loftus EF (2004) Biography becomes autobiography: Distorting the subjective past. American Journal of Psychology 117(1): 65–80.

Perrig-Chiello P, Perrig W (2005) The impact of personality and living context on remembering biographical transitions. In: Levy R et al. (Ed) Towards an Interdisciplinary Perspective of the Life Course Advances in life course research. Volume 10. Amsterdam (Elsevier Pub) 217–237.

Romaniuk M (1981) Reminiscence and society. New York (Norton).

Spitteler C (1995 orig 1914) Meine frühesten Erlebnisse. Eine Auswahl. Bern (Huber).

Korrespondenzadresse:
Prof. Dr. Pasqualina Perrig-Chiello
Universität Bern, Institut für Psychologie
Muesmattstr. 45
CH- 3000 Bern 9
Email: *Pasqualina.perrigchiello@psy.unibe.ch*

»Ent-Bindungsarbeit« – Trennungen und Konflikte in langjährigen Partnerschaften aus der Perspektive einer Entwicklungspsychologie der Lebensspanne

Insa Fooken (Siegen)

Zusammenfassung

Die Zahl der Trennungen und Scheidungen nach langjährigen Ehen nimmt zu. In vorliegendem Beitrag, der sich auf eine empirische Studie mit 111 »Spät-Geschiedenen« aus drei verschiedenen Geburtsjahrgängen (1930, 1940, 1950) bezieht, wird der Trennungsprozess als Ausdruck von »Ent-Bindungsarbeit« in einem biographischen Gesamtzusammenhang betrachtet. Dabei wird der zeithistorischen Einbindung dieser Menschen der hier berücksichtigten Kohorten (Vorkriegs-, Kriegs-, Nachkriegs-Kindheit) ein zentraler Stellenwert für mögliche Ressourcen und Risiken bei der Auseinandersetzung mit einer »späten Scheidung« zugeschrieben, wobei die Kriegskinder als besonders vulnerabel erscheinen.

Stichworte: Späte Scheidungen, Kriegskinder im Alter, Trennungsprozesse

Abstract: Seperation and Conflicts in Long-Standing Relationships from the Perspective of Developmental Psychology Looking at Lifespan

The number of seperations and divorces of long-lasting marital relationships is increasing. This contribution, based on an empirical study with 111 »late divorcees« who represent three different birth cohorts (1930, 1940, 1950), regards the process of separation as a form of »detachment« within a given biographical frame of reference. Furthermore, the possible impact of the historical context on the three cohorts (prewar-, war-, postwar-childhood) concerning resources and risks while coping with a »late divorce« is considered to be central. The children of war seem to be especially vulnerable.

Keywords: late divorces, children of war in old age, separation processes

Langjährige Partnerschaften als sozial- und verhaltenswissenschaftlicher Forschungsgegenstand

In der sozial- und verhaltenswissenschaftlichen Forschung zu den Determinanten von langjährigen Partnerschaften bzw. von Trennungsrisiken lassen sich vier verschiedene Cluster von sozialstrukturellen und inter- bzw. intrapersonalen Einflussgrößen identifizieren (vgl. Karney & Bradbury 1995, Wagner 1997, Gottman & Levenson 2000, Bodenmann, Bradbury & Maderasz 2002, Graeser, Brandtstädter & Felse 2002, Brandtstädter, Felser & Kaupp 2003, Lösl & Bender 2003, Fooken 2004):

- *Voreheliche Einflussgrößen* wie Partnerschaftsprobleme der Eltern bzw. die Instabilität der elterlichen Ehe; Vulnerabilität (Verletzlichkeit), die im Milieu der Herkunftsfamilien erworben wurde; personale Probleme bezüglich Selbstwert, Identität und Kohärenz; Probleme der Partnerwahl wie beispielsweise das Erleben ausgeprägter Ambivalenzgefühle.

- *Eheliche Determinanten* wie prekäre Haushalts- und Besitzverhältnisse, ungeklärte Formen der Arbeitsteilung in der Ehe, mangelnde bzw. problematische Vorbilder, geringe Übereinstimmungen in zentralen Grundüberzeugungen, eine geringe gegenseitige Bezogenheit (Komplementarität) affektiver und sexueller Bedürfnisse, außereheliche Beziehungen, unerwartete kritische Lebensereignisse.

- *Qualität der ehelichen Beziehung* selbst als Einflussgröße auf den verschiedensten Beziehungsebenen, insbesondere ungenügende wechselseitige Anpassungs- und Abstimmungsprozesse (z.B. problematisches Kommunikations- und Konfliktlösungsverhalten, mangelndes dyadisches Coping), das Fehlen einer hinreichenden *verbalen* Kommunikation, Prozesse der Entfremdung und Desillusionierung, als unzureichend erlebte Unterstützung eigener Ziele durch den Partner sowie Gefühle von Ungerechtigkeit und Unfairness.

- Vorhandene *Möglichkeiten (Opportunitäten) einer Ehescheidung* wie z.B. die Attraktivität alternativer Partner oder Lebensformen, der Wegfall von Scheidungsbarrieren (z.B. angesichts des Auszugs der Kinder oder des Todes der alten Eltern), ein günstiges Scheidungsrecht, die Liberalisierung von Beziehungsnormen, fehlende religiöse Gebundenheit, kein gemeinsamer Besitz etc.

Ein empirisches Forschungsprojekt zu späten Scheidungen – Betrachtungen aus verschiedenen (meta-theoretischen) Perspektiven

In einer empirischen Studie über »Scheidungen bzw. Trennungen nach langjährigen Partnerschaften« wurden insgesamt 111 »spät-geschiedene« Männer und Frauen dreier verschiedener Geburtskohorten (1930, 1940, 1950) aus der Perspektive einer *Entwicklungspsychologie der Lebensspanne* mittels biographischer Interviews erfasst (Lind 2001, Fooken 2002). Es ging unter anderem darum, das Beziehungs- und Trennungsverhalten (bzw. das »Bindungs- und Ent-Bindungsverhalten«) aus dem Gesamtzusammenhang lebensspannenbezogener Entwicklungsprozesse heraus zu betrachten. Angesichts der zentralen Bedeutung des Zweiten Weltkriegs für die biographischen Entwicklungsverläufe der hier einbezogenen Geburtsjahrgänge (Stichwort: »Kriegskindheiten«) erschien zudem die Berücksichtigung der zeithistorischen Rahmenbedingungen und – damit zusammenhängend – einer gewissen Mehrgenerationenperspektive angezeigt.

Zu Recht verweist der Schweizer Familiensoziologe Kurt Lüscher (2006) in diesem Zusammenhang darauf, dass die »soziale Grammatik« der Generationenbeziehungen immer von einer grundsätzlich gegebenen *Generationenambivalenz* geprägt ist. Darüber hinaus muss man davon ausgehen, dass wesentliche Bestimmungsgrößen individueller Entwicklung, wie beispielsweise das Bindungsverhalten und der Erwerb psychischer Sicherheit (Grossmann & Grossmann 2004), häufig vor der eigenen Geburt liegen. Sie sind in den Erfahrungen der Eltern- und Großelterngenerationen mit begründet und zeigen sich in deren Erziehungsverhalten, Übertragungen, Delegationen und Erwartungen. Nicht von ungefähr weisen Borszomenyi-Nagy und Spark (1981) in vielen Familiengeschichten die Wirkung solcher ›unsichtbaren Bindungen‹ nach.

Weiterhin geht die *Bindungstheorie* davon aus, dass es im menschlichen »Programm« als Grundkonstante eine in den Affekten eingebettete soziale Beziehungsorientierung im Sinne einer angeborenen Bereitschaft gibt, mit anderen Menschen Bindungen einzugehen. Somit kann man sagen, dass die Hirnentwicklung als zentrale Voraussetzung und zentraler Bestandteil psychischer Prozesse auch immer »sozial« orientiert ist. In diesem Zusammenhang sind die Annahmen von Albert Pesso (2003) höchst anregend. Pesso geht davon aus, dass Neugeborene genetisch so ausgestattet sind, dass sie über eine Art rudimentäre *Generationengrammatik* im Sinne eines unbewussten Wissens über Generations- und Verwandtschaftsrollen und Netzwerke verfügen. Neugeborene und Kleinkinder könnten Beziehungsangebote sowohl wahrnehmen als auch darauf reagieren und hätten auch selber diese Beziehungsverhalten quasi in ihrem eigenen Rollenreservoir potentiell verfügbar.

Auch wenn es ein wenig »um die Ecke gedacht« erscheint, nehmen solche Annahmen durchaus die Sichtweise von William Wordsworthin Bezug auf die kindliche Natur auf; dieser Poet der englischen Romantik formulierte: *»The child is father of the man«*. Selbst wenn es sich hier um eine romantisierende Sichtweise kindlicher Erlebensqualität handelt, wird gerade dem kleinen Kind eine ganz besondere Intensität und ein nicht unmittelbar erfahrungsgebundenes, sondern eher »vorausahnendes Wissen« um die Fragilität und die Besonderheiten von Generationenbeziehungen zugestanden.

Gerade unter schwierigen Entwicklungsbedingungen, wenn beispielsweise durch die physische oder psychische Abwesenheit der Eltern oder von verwandtschaftlichen Bezugspersonen »Löcher im familiären Rollensystem« vorhanden sind (in der Sprache Alfred Pessos »holes in roles«), können sich Kinder sozusagen ,vorausfühlend' darum bemühen diese »Löcher« im Rollennetzwerk selber ausfüllen. So wissen wir, dass Kinder als Partnerersatz missbraucht und parentifiziert, d. h. die Elternrolle bzw. auch andere Rollen (im Sinne einer Delegation) übernehmen müssen.

Bezieht man diese Überlegungen auf die hier erwähnte Zielgruppe der spät geschiedenen Personen, dann kann man davon ausgehen, dass ein intergenerationell übertragenes »Erbe« mit Sicherheit Auswirkungen auf das Beziehungsverhalten in Intim-Partnerschaften hat.

Mögliche Determinanten von »Ent-Bindungsarbeit« im Kontext »später Trennungen«

Die Geburtsjahrgänge der in dieser empirischen Studie befragten Teilnehmer stehen auch für unterschiedliche historische Konstellationen in Bezug auf ihre Kindheit und auf ihre Kriegserfahrungen. Grundsätzlich berücksichtigt man im Rahmen sozialwissenschaftlicher Forschung meist zu wenig, dass handlungsleitende Vorstellungen über eheliche Beziehungsgestaltung immer auch *Bestandteil* und *Ausdruck* der gesellschaftlichen Geschlechter- und Generationenverhältnisse sind. So wird man für die heutigen Generationen der Kriegs- und Nachkriegskinder des Zweiten Weltkriegs davon ausgehen können, dass die Partnerwahl stark unter dem Druck normativer Erwartungen stattfand, wie beispielsweise der, eine geschlechtsspezifisch arbeitsteilige und lebenslange Beziehung zu etablieren. Die Partnerwahl geschah nicht zuletzt auf dem Hintergrund von Beziehungschaos und der Erfahrung des Zusammenbruchs traditioneller Geschlechterbeziehungsnormen nach dem Krieg, so dass die Sehnsucht nach heilen und stabilen Familien- und Beziehungswelten als impliziter Auftrag an die damalige junge Generation delegiert wurde.

Aus bindungstheoretischer Sicht weiß man, dass es hierzu eines tragfähigen Gefühls psychischer Sicherheit bedarf, das stark von den primären Bindungserfahrungen mit Mutter und Vater abhängt (Grossmann & Grossmann 2004). In welchen psychischen Verfassungen waren aber die damaligen Mütter und Väter, sofern letztere nicht, wie bei etwa einem Viertel der betroffenen Kriegskinderjahrgänge, zeitweise oder dauerhaft abwesend waren (Radebold 2005)? Die Eltern oder hauptsächlich die Mütter waren häufig in vielfacher Hinsicht als Alleinerziehende bei Bombenangriffen und bei Flucht und Trauer über Verluste von geliebten Angehörigen etc. überfordert, so dass die Wahrscheinlichkeit für die Entwicklung *elterlicher Feinfühligkeit,* die für Bindungssicherheit notwendig ist, nicht sonderlich groß war.

Man kann somit davon ausgehen, dass die Kriegs- und Nachkriegskinder ein schwieriges *mentales Beziehungsgepäck* mit sich herumtragen. Ihre *internalen Arbeitsmodelle* (als Repräsentationen der Beziehung von sich zur sozialen Umwelt) dürften gerade in der Entwicklungsphase der späten Jugend bzw. des frühen Erwachsenenalters eher mit Verunsicherung als mit psychischer Sicherheit einhergegangen sein. Dem entsprechend ist die sprachliche Repräsentation ihrer Erfahrungen durch eine wenig kohärente Erzählweise (Narrative) gekennzeichnet.

Welche Voraussetzungen brachten die drei hier berücksichtigten *Kohorten* mit? Interessanterweise findet sich bei allen drei innerfamiliale Wiederholungen von Kindheits- und Kriegserfahrungen: Die Eltern der »Vorkriegskinder« waren Vorkriegskinder des Ersten Weltkriegs, die Eltern der »Kriegskinder«, waren Kinder im Ersten Weltkrieg und die Eltern der »Nachkriegskinder« haben die schwierigen Nachkriegszeiten des Ersten

Weltkriegs auch als Kinder erfahren. Die Frage ist, wenn man dieses bedenkt, ob damit vielleicht typische Haltungen, Lebenseinstellungen oder Befindlichkeiten transgenerationell weiter gegeben wurden bzw. die Kinder unbewusst elterliche Erlebens- und Beziehungsformen wiederholen.

Die Befragten aller drei Kohorten haben die Kriegsfolgen und die Aufbau- und Wirtschaftswunderjahre im Westen Deutschlands in unterschiedlichen Entwicklungsphasen erlebt. Lassen sich mögliche Zusammenhänge zwischen zeitgeschichtlicher Prägung und Beziehungsentwicklung nachweisen?

Folgende Fragen sollen an das vorhandene Datenmaterial angelegt werden:
- Kann in der Auseinandersetzung mit dem Scheitern einer langjährigen Ehe die Erfahrung einer ›Friedenskindheit‹ trotz der nachfolgenden belastenden Kriegserfahrungen bei den älteren Befragten eine gewisse Ressource für die Entwicklung von Resilienz (d. h. Widerstandsfähigkeit gegen Belastungen) und Selbstwert im Alter sein? Oder:
- Stellt sich möglicherweise eine ›Kriegskindheit‹ als besonders belastende Sozialisationsbedingung für die Entwicklung einer Beziehungsfähigkeit und Beziehungsautonomie im Erwachsenenalter dar? Oder:
- Konnten die jüngeren ›Nachkriegskinder‹ des Jahrgangs 1950 trotz schwieriger materieller und sozialer Startbedingungen in den Herkunftsfamilien im frühen Erwachsenenalter am ehesten von den Emanzipationsbewegungen der 70er Jahre für die Formulierung eigener Lebensansprüche profitieren?

»Bindungs- bzw. Ent-Bindungsarbeit« in langjähriger Partnerschaften

Die Informationen aus den biographischen Interviews wurden in einem ersten Schritt so aufbereitet, dass für jede der drei Gruppen typische Erlebens- und Verhaltenskonstellationen in zentralen Lebensstationen ermittelt wurden. Diese Lebensstationen bezogen sich auf:
1. die Kindheit,
2. das Jugendalter,
3. die Zeit des Kennenlernens,
4. den Beginn der Ehe,
5. den Verlauf der Ehe,
6. das erste Trennungsgeschehen,

7. den weiteren Trennungsverlauf und
8. die aktuelle Lebenssituation, für die zudem die Ausprägung zentraler Daseinsthemen eingeschätzt wurde.

Darüber hinaus wurde als 9. Aspekt die Art erfasst, wie die Zukunft und das Alter antizipiert wurden. In einem zweiten Schritt wurden mittels Clusteranalysen über die genannten Lebensstationen hinweg in jeder Gruppe unterschiedliche Verlaufsmuster ermittelt. In diesen Verlaufsmustern (Trajektorien) spiegeln sich die unterschiedlichen Varianten von Bindungs- und Ent-Bindungsprozessen auf dem Hintergrund des biographischen Gesamtzusammenhangs wider. In der folgenden Ergebnisdarstellung wird jede Gruppe zunächst anhand einiger allgemeiner Merkmale skizziert, danach erfolgt die Beschreibung der jeweiligen Verlaufsmuster.

Zu den ›Vorkriegskindern‹

In dieser Gruppe finden sich deutlich mehr Frauen (20), da sich nur sehr wenige Männer (8) als Interviewpartner gemeldet haben. Die Kindheitsjahre lagen noch in »Friedenszeiten«, aber am Ende der mittleren Kindheit begann der Krieg. Somit waren alle Befragten zu Beginn ihrer Jugend mehr oder weniger von Kriegseinwirkungen betroffen. Wenige hatten dadurch soziale Verluste, aber fast alle Befragten hatten Evakuierungen und Bombardierungen erlebt, einige auch Flucht und Vertreibung. Die Jugendjahre und das frühe Erwachsenenalter waren von der unübersichtlichen Nachkriegszeit bestimmt, so dass die Auseinandersetzung mit den anstehenden Entwicklungsaufgaben (Berufseingliederung, Familiengründung) eher verzögert war. Relativ lange bestanden noch Abhängigkeiten von den Herkunftsfamilien. Das Heiratsalter war vergleichsweise hoch (Frauen 27, Männer 31 Jahre). Während die Männer Partnerinnen heirateten, die auch ›Vorkriegskinder‹ waren, gehörten die durchschnittlich drei bis vier Jahre älteren Ehemänner der befragten Frauen meist zur Gruppe der sehr jungen aktiven Kriegsteilnehmer. Die von diesen Frauen bei ihren Ehemännern häufig beklagte Sprachlosigkeit und Tendenz zur psychischen Abkapselung hing sicherlich mit den Kriegserfahrungen zusammen und bedeutete eine erhebliche Belastung für die Beziehungsentwicklung.

Über die neun Stationen/Bereiche des Lebenslaufs lassen sich vier unterschiedliche *Lebensverlaufsmuster* identifizieren:

Die Variante *Abstieg* charakterisiert eine typisch männliche Verlaufs-form. Erinnert wird ein positiv-neutrales emotionales Klima in der Her-kunftsfamilie, ein positives Selbstbild im Jugendalter und die subjektive Sicherheit, die richtige Frau gewählt zu haben. Dem entsprechend fühlen sich die Männer bei der Durchsetzung der eigenen Ziele von der Partnerin unterstützt und erleben bis kurz vor dem Trennungsgeschehen keinerlei Ein-schränkungen. So kommt es zu dem typisch männlichen Erleben, »aus allen Wolken zu fallen«, einhergehend mit einer nachfolgenden beträchtlichen Hilflosigkeit im Alltag. Die Schaffung eines neuen Freundeskreises in der Zeit danach erweist sich als mühsam, gelingt aber allmählich. Der zukünf-tige Lebensraum wird halbwegs offen erlebt.

Die anderen drei Muster zeichnen überwiegend Entwicklungsverläufe der Frauen dieser Kohorte nach:
- Beim Muster *Anknüpfung* scheinen sich Kindheit und Jugend in der Her-kunftsfamilie (trotz Kriegsumstände) langfristig als protektive Ressourcen zu erweisen. Nach einer mit Ambivalenz verbundenen Partnerwahl und kaum erlebten Unterstützung durch den Ehemann kann allmählich wie-der an Positives angeknüpft werden. Die Zeit der Trennung öffnet den sozialen Lebensraum und führt zu einer durchgängig positiv bewerteten Lebenssituation.
- Bei der Variante *Anstrengung* werden die Jahre in der Herkunftsfamilie bis zur Brautzeit gleichfalls als sehr positiv erlebt. Die Frauen stürzen dann fast dreißig Jahre lang in ein ›Beziehungsunglück‹ ab. Mit der Tren-nung gelingt allmählich eine neue Orientierung mit Sozialkontakten und Freunden. Die zukünftige Lebenssituation im Alter wird mit einem mitt-leren Maß an Offenheit wahrgenommen.
- Schließlich zeigt das weibliche Entwicklungsmuster *Aufbruch*, dass selbst nach der ›Hälfte des Lebens‹ ein Aus- und Aufbruch aus ungünstigen, demütigenden und restriktiven Lebensumständen von Herkunftsfamilie und Ehe möglich ist. Es gelingt diesen Frauen nach dem Trennungsent-schluss, sich zu befreien und ein Netz sozialer Unterstützung aufzubauen. Allerdings stellt sich bei ihnen bezüglich ihrer Zukunft und der Situation im Alter wieder eine gewisse Skepsis ein.

Mehrheitlich scheint es den Menschen dieser Generation somit gelungen zu sein mit der kritischen Lebenserfahrung einer letztlich gescheiterten Ehe fertig zu werden. Als hilfreich dabei erweist sich ihre soziale Kompetenz in der Pflege zuverlässiger Freundschaftsbeziehungen und möglicherweise die frühe Erfahrung von zwar oft strengen, aber fürsorglichen und stabilen Beziehungen in Friedenszeiten.

Zu den ›Kriegskindern‹

Rekapituliert man kurz einige zeithistorische Rahmenbedingungen dieser Kohorte, dann kann man feststellen, dass, obwohl ›normalerweise‹ in Kriegszeiten eher wenig Kinder geboren werden, im nationalsozialistischen Deutschland die Geburtenrate im Zweiten Weltkrieg bis 1944 ausgesprochen hoch war. Mit den starken Geburtsjahrgängen 1939–1943 wurde aus bevölkerungspolitischer Perspektive eine Art ›Nachschubbasis‹ an ›Menschenmaterial‹ für weitere Expansionsbedürfnisse angelegt. Aus dieser Betrachtungsweise war das einzelne Kind nicht nur um seiner selbst willen wichtig, sondern auch als Teil einer ›Manipulationsmasse‹ – es handelt sich somit um eine ›instrumentalisierte Generation‹.

Bei gut der Hälfte der befragten Kriegskinder war der Vater (temporär) abwesend. Einige hatten auch noch Bombardierungen und Flucht erlebt. Bei diesen hatten die Mütter eine große Bedeutung, erwartungsgemäß gab es Abhängigkeiten, Verstrickungen und Ambivalenzen. Die meisten der ›Kriegskinder‹ haben eher früh geheiratet und Familien gegründet. Gerade bei den ›vaterlosen‹ Söhnen gab es die Flucht ›weg von der Mutter‹ und hin zu einer zunächst idealisierten Partnerin. Dadurch, dass die jeweiligen Partner auch ›Kriegskinder‹ waren, haben sich möglicherweise spezifische Belastungen und Vulnerabilitäten in der Paarbeziehung verstärkt. Es ist auffallend, dass der Anteil vorehelicher Schwangerschaften in dieser Kohorte relativ hoch war; die Hälfte der befragten Frauen ging eine so genannte Mussehe ein. Auch gab es ungewöhnliche viele »Entlobungen«, die dann doch wieder aufgehoben wurden.

Auch in dieser Gruppe finden sich insgesamt vier *Lebensverlaufsmuster:*
– Das Lebensverlaufsmuster *Erosion* besteht fast ausschließlich bei Männern, von denen bis auf einen alle (temporär) vaterlos aufgewachsen waren. Sie erinnern sich an eine enge Beziehung zur Mutter, von der sie sich in jedem Falle unterstützt fühlten. Das Selbstbild im Jugendalter ist dem gegenüber leicht beeinträchtigt, die Partnerwahl hingegen wurde als voll-

kommen konfliktfrei erlebt. Die zunächst idealisierten Partnerinnen wurden im konkreten Ehealltag dann als verändert wahrgenommen. Im weiteren Eheverlauf werden wenig Einschränkungen erlebt. Die Männer bekommen wenig mit, was beziehungsmäßig geschieht. Das Trennungsbedürfnis der Partnerinnen leitet dann einen ›Erosionsprozess‹ mit zunehmender Einsamkeit, emotionaler Abhängigkeit, Interesselosigkeit und Enttäuschung ein, der anhält und einen hoffnungsvollen Ausblick auf die Zukunft versperrt.

– Eine Art ›weibliches Gegenstück‹ dazu stellt das Muster *Entlastung* dar. Die hier zugehörigen Frauen erfahren wenig Ermutigung in Kindheit und Jugend und auch die Hoffnungen auf eine Besserung der Situation in Partnerschaft und Ehe zerschlagen sich schnell. Erst mit dem Trennungsentschluss scheint eine Entlastung aus den alten Zwängen möglich und ein Stück ›eigenes Leben‹ realisierbar. Eigene neue Sozialkontakte und Interessen werden entwickelt, einhergehend mit dem Gefühl einer neu gewonnenen emotionalen Unabhängigkeit. In der Lebensbilanz werden allerdings Enttäuschungen nicht ausgeblendet und auch der Ausblick auf die Zukunft und auf das eigene Alter geht mit begrenzten Erwartungen einher.

– Das Entwicklungsmuster *Enttäuschung* liegt bei etwa gleich viel Männern und Frauen vor, bei denen Kindheit und Jugendzeit deutlich positiv erinnert werden. Die erste große Enttäuschung trat mit der Partnerwahl und Ehe auf. In der Zeit der Trennung ist zunächst soziale Unterstützung verfügbar, aber in der längerfristigen Lebensgestaltung gelingt die Entwicklung eigener Interessen kaum. Im Vergleich zu früher wird eine höhere emotionale Abhängigkeit erlebt. In der Lebensbilanz werden die erfahrenen Enttäuschungen akzentuiert und der Blick auf die Zukunft ist skeptisch.

– Im Verlaufsmuster *Erarbeitung* finden sich etwas mehr Männer als Frauen. Ihre Kindheit und Jugend ist belastet durch Restriktionen und durch Entzug sozio-emotionaler Zuwendung (Deprivation). Im beginnenden Erwachsenenalter kommt es zur Abwendung von der Herkunftsfamilie und zur (hoffnungsvollen) Hinwendung zu Partnerschaft und Familiengründung. Die Erwartungen werden im Eheverlauf nicht erfüllt und selbst in der ersten Zeit der Trennung wird kaum soziale Unterstützung erlebt. Dennoch gelingt dann ein allmählicher Neuanfang. Mit der Entwicklung von Eigeninitiative beginnt ein Prozess, der zum Gefühl großer emotionaler Unabhängigkeit im Vergleich zum früheren Leben führt. Trotz ausgesprochen ungünstiger Startbedingungen gelingen hier nach der ›Lebensmitte‹ Autonomie und eine Öffnung des Lebensraumes.

Beim Blick auf die Gesamtgruppe der hier befragten »Kriegskinder« deutet sich an, dass die Lebensverläufe durch zahlreiche ›Abstürze‹ und Identitätsbrüche gekennzeichnet sind, die auf die Existenz komplizierter Vulnerabilität verweisen. Die Bestimmung von lebensgeschichtlichen Ressourcen und protektiven Faktoren gestaltet sich schwierig. Berücksichtigt man die Ausprägung der mittels Fragebogen erfassten ›seelischen Gesundheit‹, dann ergeben sich Widersprüche zu den Äußerungen im Interview. Das Fazit der Fragebogenergebnisse lautete: die Mehrheit der Männer attestiert sich eher ›seelische Gesundheit‹ und die Mehrheit der Frauen ›seelische Beeinträchtigung‹. Das Fazit aus den Interviews lautet hingegen, dass es den meisten der befragten Frauen eher als den Männern gelingt, ihren Selbstwert aus (leidvoll) erworbener emotionaler Unabhängigkeit zu ziehen, sie sind zumeist lebenstüchtiger und keine ›Opfer‹ (mehr). Hingegen sind viele der Männer offenkundig in narzisstischer Kränkung und emotionaler Abhängigkeit erstarrt und leben zum Teil in desolaten, an der Grenze zur Verwahrlosung liegenden häuslichen Verhältnissen. Sprachlich zeigen die Frauen aber eher ihre ›Opferrolle‹ als Ausdruck eines typisch weiblichen Schicksals, während die Männer ›Unverwundbarkeit‹ reklamieren und sich damit der (riskanten) »Illusion psychischer Gesundheit« (Shedler et al. 1993) aussetzen.

Männer und Frauen bleiben somit in ihren Denkmustern traditionellen Geschlechtsrollenstereotypen verhaftet. Widersprüche sind kaum reflexionsfähig und hängen möglicherweise mit den besonderen Prägungen der ›Kriegskinder‹ zusammen. Ihnen wurde ja oft ›verordnet‹, was sie (nicht) zu fühlen und (nicht) zu denken hatten. So fällt es ihnen besonders schwer, die Ambivalenz der mit biographischen Erfahrungen verbundenen Affekte und Emotionen auszuloten und diesbezüglich Kohärenz in ihren sprachlich-kognitiven Narrativen herzustellen.

Eine zusätzlich vorgenommene Analyse der Fragebogendaten mag dieses Argument untermauern. So wurde in den Interviews nach einem Erklärungsmodell für das Scheitern der Ehe gefragt und zwar für die Zeit unmittelbar nach der Trennung und nach einer zeitlichen Distanz (Fooken 2004). Nur bei 38 Prozent der Befragten differenzierte sich das Erklärungsmodell, während die anderen ihre anfänglichen Überzeugungen (und Schuldzuweisungen) beibehielten. Männer, bei denen ein solcher Differenzierungsprozess stattgefunden hat, beschreiben sich in dem Fragebogen zur ›seelischen Gesundheit‹ eher ›seelisch beeinträchtigter‹, während die ›differenzierenden‹ Frauen sich eher ›seelische Gesundheit‹ attestieren. Dies ist möglicherweise ein Zeichen zunehmender Selbstkongruenz: ›Blinde Flecken‹ werden aufgehoben, oder anders gesagt, die Männer können mittlerweile ihre ›Trauer‹ zulassen und Frauen ihre ›Stärken‹.

Zu den ›Nachkriegskindern‹

Auch wenn hier nur ein kleiner Teil der Herkunftsfamilien direkt von Kriegsfolgen beeinflusst war, kann man davon ausgehen, dass die Eltern dieser Altersgruppe zu den aktiven Kriegsteilnehmern bzw. überwiegend zu den »Tätern« oder »Mitläufer« gehörten. Viele der Befragten erinnern sich an schwierige materielle Lebenssituationen und an ein verunsicherndes, oft restriktives Erziehungsverhalten der Eltern. Fast alle wollten dem Elternhaus schnell entkommen und haben jung geheiratet. Dabei gehören die jeweiligen Partner in der Regel auch zur Gruppe der »Nachkriegskinder«. Anders als bei den anderen beiden Gruppen liegt der Zeitpunkt der Trennung noch nicht so lange zurück, so dass die geäußerte Bilanzierung möglicherweise erst vorläufig ist. Die Lebenssituation von Männern und Frauen dieser Gruppe unterscheiden sich, da fast alle Männer in einer neuen Partnerschaft leben, während die Frauen weniger häufig partnerschaftlich gebunden sind und eher mit noch jugendlichen Kindern zusammen leben. Auch hier lassen sich vier »trennscharfe« Verlaufsmuster identifizieren:

– Im Verlaufsmuster *Verlust*, das etwas typischer für Männer als für Frauen ist, sind die Startbedingungen in Kindheit und Jugend deprivierend und negativ, während die Zeit der Partnerwahl und der Ehe sehr positiv bewertet wird. Mit der Trennung erfolgt der Absturz in emotionale Einsamkeit, die allerdings allmählich durch ein mittleres Maß an neuen sozialen Kontakten kompensiert wird. Die Situation zur Zeit des Interviews wird v. a. unter der Perspektive der gegebenen dinglich-materiellen Lebenssituation bewertet und als halbwegs akzeptabel eingeschätzt. Leistung spielt als zentrales Lebensthema keine ausgeprägte Rolle und der Zukunftsbezug ist eher abwartend.

– Das Verlaufsmuster Verschonung zeigen Männer und Frauen, die, ausgehend von einer als offen und privilegiert empfundenen Lebenssituation in Kindheit und Jugend, in ihrem gesamten Leben wenig Einbußen erlebt haben. Lediglich in der Zeit des Interviews werden gewisse Einschränkungen hinsichtlich materieller Möglichkeiten empfunden. Die hohe Ausprägung der Leistungsorientierung geht einher mit einer aktiven Auseinandersetzung mit der Zukunft.

- Die Verlaufsvariante *Verarbeitung* ist ein eher typisch weibliches Entwicklungsmuster. Bei diesen Frauen hat sich bei einer ursprünglich positiven Ausgangssituation in der Herkunftsfamilie die Situation mit der beginnenden Partnerwahl und im Verlauf der Ehe zunehmend verschlechtert. Erst in der späteren Trennungszeit nach der Entwicklung neuer sozialer Kontakte ist sie befriedigender geworden. Die materielle Lebenssituation wird als mehr oder weniger zufrieden stellend eingeschätzt, allerdings ist die Auseinandersetzungsbereitschaft mit Zukunftsaspekten eher gering.
- Im Muster *Verwandlung* finden sich gleichfalls mehr Frauen als Männer. Hier zeigt sich ein eher beeinträchtigter Entwicklungsbeginn in Kindheit und Jugend, der aber zunächst in eine relative Zufriedenheit mit den ersten Ehejahren übergeht. Der weitere Eheverlauf ist dann allerdings wiederum durch Enttäuschung über die mangelnde Unterstützung durch den Partner gekennzeichnet, wobei in der Trennungszeit sich dann aber eine positive sozio-emotionale Entwicklung andeutet. Die im Interview zum Ausdruck gebrachte Überzeugung, in materieller Hinsicht ausgesprochen erfolgreich zu sein, scheint zusammen mit einer ausgeprägten Leistungsorientierung eine gute Ressource für die Entwicklung eines aktiven Zukunftsbezugs zu sein.

Mit Ausnahme einer eher privilegierten Untergruppe waren die frühen Sozialisationsbedingungen in Kindheit und Jugend bei den meisten ›Nachkriegskindern‹ eher schwierig und belastend. Viele ›stürzten sich‹ dem entsprechend in eine frühe Ehe, in der zwei unterschiedliche Verlaufsmuster generiert wurden:
- Nach einer eher durchgängig glücklichen Ehe kam es zu einer eher abrupten Trennung (Anlass: verliebt in anderen Partner).
- Die zunehmende Unzufriedenheit mit der Rolle als Ehefrau führte bei den Frauen (Emanzipation) zur Trennung.

In beiden Varianten gelingt nach einer Phase mehr oder weniger großer emotionaler Beeinträchtigung in der Zeit der Trennung eine zumeist akzeptable Bewältigung der vorhergegangenen kritischen Lebenssituation.

Fazit

Der zeit- und mentalitätsgeschichtliche Kontext von Lebensverläufen stellt eine Rahmenbedingung für die Art und Weise des Bindungs- und Ent-Bindungsverhaltens dar. Die ›Vorkriegskinder‹ des Jahrgangs 1930 und die ›Nachkriegskinder‹ des Jahrgangs 1950 scheinen letztlich etwas günstigere Bedingungen gehabt zu haben. Sie können das Scheitern ihrer Lebensentwürfe ›normal‹ betrauern und besser bewältigen als die ›Kriegskindern‹. Bei ihnen finden sich zahlreiche Möglichkeiten eines Neuanfangs und Formen gelingender (wenngleich mit Anstrengung verbundener) Bewältigung.

Die Kindheitserinnerungen der ›*Vorkriegskinder*‹ beziehen sich zumeist noch auf weitgehend stabile Verhältnisse, die sich langfristig als protektive Faktoren bei der Bewältigung der späteren destabilisierenden und leidvollen Lebenserfahrung erweisen. Die ›*Nachkriegskinder*‹, insbesondere die Frauen, erinnern sich häufig an die sowohl in emotionaler als auch materieller Hinsicht sehr kargen und restriktiven Bedingungen in Kindheit und Jugend. Mit der frühen Eheschließung war häufig die Hoffnung auf ein ›besseres Leben‹ verbunden. Das Abgrenzungsbedürfnis vom elterlichen Milieu wird von ihnen als ›berechtigt‹ erlebt, gestützt durch die zeithistorisch parallel stattfindenden Protest- und Emanzipationsbewegungen. Für sie ist es wichtig, die ›alten Fesseln‹ traditioneller Beziehungskulturen zu lösen und neue Formen der Partnerschaftlichkeit auszuhandeln.

Die ›spät geschiedenen *Kriegskinder*‹ hingegen scheinen noch am deutlichsten im Bann der früheren, für sie oft sehr wenig durchschaubaren und mit viel Ambivalenz verbundenen Erfahrungen zu stehen. Insbesondere bei den vaterlosen Söhnen scheint die Herausbildung einer spezifischen Variante von ›Muttersöhnlichkeit‹ die sozio-emotionale Entwicklung bis in die Gegenwart zu beeinflussen. Die selbst bestimmte Verortung im Diskurs von Geschlechterrollen und Geschlechterbeziehungen bzw. von Männlichkeits- und Weiblichkeitsnormen steht bei ihnen eigentlich an. ›Emotionale Unabhängigkeit‹ und ›Lebensenttäuschungen‹ sind die Themen, über die man bei ihnen das Ausmaß gelingender oder misslingender Formen der Auseinandersetzung mit dem Alter am deutlichsten registrieren kann. Die große Resonanz, die die Kriegskind-Thematik zurzeit erfährt, ist möglicherweise ein Ausdruck dafür, dass hier ein Prozess der Reflexion und der Herstellung lebensgeschichtlicher Kohärenz begonnen hat.

Die Frage, inwieweit entwicklungspsychologische Sichtweisen auch im

Kontext von Psychotherapie im Alter hilfreich sein können, kann somit positiv beantwortet werden. Beratung und psychotherapeutische Angebote können dazu dienen, Prozesse der Selbstexploration und Reflexion anzuregen und somit langjährige Verhärtungen und Blockaden allmählich aufzulösen.

Literatur

Bodenmann G, Bradbury T & Maderasz S (2002) Scheidungsursachen und -verlauf aus der Sicht der Geschiedenen Zeitschrift für Familienforschung 14 (1): 5–20.

Brandtstädter J, Felser G & Kaupp P (2003) Entwicklung in Partnerschaften. Risiken und Ressourcen. Bern (Huber).

Fooken I (2002) Wege in die ›Lieblosigkeit‹ – Lebensverlaufsmuster und seelische Gesundheit bei Männern und Frauen im Kontext von Scheidungen oder Trennungen nach langjährigen Ehen. In: Peters M, Kipp J (Hg) Zwischen Abschied und Neubeginn. Entwicklungskrisen im Alter. Gießen (Psychosozial Verlag) 157–172.

Fooken I (2004) »Späte Einsichten« bei »späten Trennungen«: Plötzlicher Konsensbruch, trügerische Konsens-Illusion oder langjähriger Dissens? Subjektive Repräsentationen biographischer Verlaufsmuster und Seelische Gesundheit im zeitgeschichtlichen Kontext. Zeitschrift für Familienforschung 14(3): 289–304.

Gottman J & Levenson RW (2000) The timing of divorce: Predicting when a couple will divorce over a 14-year-period. Journal of Marriage and the Familiy 62: 727–745.

Graeser H, Brandtstädter J & Felser G (2002) Zufriedenheit in Partnerbeziehungen. Analyse latenter Entwicklungsgradienten im 14-Jahres-Längsschnitt. In Walper S & Pekrun R (Hg) Familie und Entwicklung. Aktuelle Perspektiven der Familienpsychologie. Göttingen (Hogrefe) 200–216.

Grossmann K & Grossmann KE (2004) Bindungen – das Gefüge psychischer Sicherheit. Stuttgart (Klett-Cotta).

Karney B & Bradbury TN (1995) The longitudinal course of marital quality and stability: A review of theory, method and research. Psychological Bulletin 118(1): 3–34.

Lind I (2001) Späte Scheidung. Eine bindungstheoretische Analyse. Münster (Waxmann).

Lösl F & Bender D (2003) Theorien und Modelle der Paarbeziehung. In Grau I & Bierhoff HW (Hg) Soziapsychologie der Partnerschaft. Berlin (Springer) 43–75.

Lüscher K (2006) Skizze einer »integralen Generationenpolitik« Gerechtigkeit! Zeitschrift der Stiftung für die Rechte zukünftiger Generationen 2: 25–28.

Pesso A (2003) Holes in Roles. Pesso Bulletin (PBSP) May 2003 (verfügbar über www.pbsp.com/Training/holes_in_roles1.htm).

Radebold H (2005) Die dunklen Schatten der Vergangenheit. Stuttgart (Klett-Cotta).

Shedler J, Mayman M & Manis M (1993) The illusion of mental health. American Psychologist 48: 1117–1131.

Wagner M (1997) Scheidung in Ost und West. Zum Verhältnis von Ehestabilität und Sozialstruktur seit den 30er Jahren. Frankfurt/New York (Campus).

Korrespondenzadresse:
Prof. Dr. Insa Fooken
Universität Siegen
Fachbereich 2, Psychologie
Adolf-Reichwein-Str. 2
57068 Siegen
Email: *Fooken@psychologie.uni-siegen.de*

Glücks- und Unglückserfahrungen im Lebensrückblick alter Menschen

Geneviève Grimm & Brigitte Boothe (Zürich)

Zusammenfassung

An der Universität Zürich wird aktuell eine lebensgeschichtliche Interviewstudie mit Älteren durchgeführt, die auf der Basis biographischen Erzählens erschließen will, wie alte Menschen im Lebensrückblick Erfahrungen, die für sie bedeutsam waren, im glücklichen wie im unglücklichen Sinn, narrativ gestalten und in welcher Weise sich darin persönliche Modelle guten Lebens verdeutlichen.

Stichworte: Narrative Gerontologie, autobiographisches Gedächtnis, Lebensrückblick, Glück, Erzählanalyse

Abstract: Experiences of Happiness and Unhappiness in Autobiographical Narratives of Elderly People

At the University of Zurich a life story interview study with elderly people is being conducted. On the basis of biographical narratives, the study's aim is to reveal how the elderly reminisce on important positive and negative experiences. In this way personal models of a good life can be explained.

Keywords: narrative gerontology, autobiographical memory, life review, happiness, narrative analysis

Einleitung

War bis vor nicht allzu langer Zeit die Erforschung der Alternsprozesse vorwiegend defizitorientiert, rückt die aktuelle interdisziplinäre Gerontologieforschung die Ressourcen des höheren Lebensalters in den Vordergrund und betont damit auch Entwicklungsmöglichkeiten und Gestaltungspotentiale dieser Lebensphase.

Jedoch auch mit einer ressourcenorientierten Betrachtungsweise lassen sich die Defizite des Alterns nicht leugnen. Sie erfordern notwendigerweise eine Auseinandersetzung mit Begrenzungen, Beschränkungen und Verlusten. Diese setzt voraus, dass der Einzelne über ein adaptives, flexibles und lernfähiges mentales Regulierungssystem verfügt und dass der Wegfall sozialer Verpflichtungen und beruflicher Einbindung als Chance zur Freiheit und Freiwilligkeit erfahren und genutzt wird. Eine Möglichkeit, dieses adaptive Regulierungssystem zu erweitern bietet sich im erinnernden Erzählen im autobiographischen Lebensrückblick.

Erzählen

Erzählen hat eine integrierende Funktion innerhalb der menschlichen Kultur. Kulturelle Werte und Traditionen, Erinnerungen, Erfahrungen, Erwartungen, Handeln und Erleiden würden ohne Bezugnahme auf das Erzählen ihren Bedeutungscharakter verlieren. Im Erzählen wird eine unüberschätzbare Artikulationsform des Menschen gesehen, der eine hohe psychosoziale Bedeutung zukommt (Sarbin 1995; Polkinghorne 1998).

Narrative (d.h. erzählende) Rede ist charakterisiert durch einen empathischen und appellativen Sprachduktus und durch rhetorische Strategien der Überzeugung, die den Zuhörer zur Übernahme der Perspektive des Erzählers bewegen. So entsteht ein narrativer Pakt, der zwar durchaus Referenz aufs Gegebene herstellt, jedoch nicht primär der Faktizität verpflichtet ist, sondern in erster Linie vier zentrale, psychologische und kommunikative Funktionen erfüllt:

– Erzählen im Dienste der sozialen Integration
– Erzählen im Dienste psychischer Reorganisation
– Erzählen im Dienste der Wunscherfüllung
– Erzählen im Dienste der Vergegenwärtigung von Vergangenem

So betonen auch Biographieforscher die Bedeutung des Erzählens (Rosenthal 1995, Straub 2000). Biographische Selbstthematisierungen sind gewöhnlich an die Sprechform des Erzählens gebunden. Erzählen ist ein Prozess der Selbstartikulation, in dem die Person sich geltend macht und sich ihrer Identität vergewissert.

Erzähltes Glück

Im autobiographischen Erinnern wird die gelebte Zeit zu einem Raum, in dem Glück und Unglück zu den dynamischen Organisatoren eines persönlichen Kosmos werden. In diesem Prozess schafft der Erzählende eine individuelle Lebensdramaturgie mit Glücks- und Unglücksszenarien. Will man erfahren, was Glück für den Einzelnen bedeutet, muss man mit ihm ins Gespräch kommen. Im Zwiegespräch, im Dialog werden Glück und Schmerz zur lebendigen Gestalt. Sie können als Bild, als Erlebnis in der Beziehung zweier Gesprächspartner in Erscheinung treten.

Im höheren Lebensalter findet erzählendes Rückblicken zwischen Trennung und Aneignung statt. Retrospektives Nacherleben, Gewichten, Werten und Neubetrachten haben Platz im höheren Lebensalter, wenn die Ausrichtung auf die Zukunft zugunsten der Aneignung von Vergangenem zurücktritt.

Biographisches aus der Vergangenheit und der Gegenwart im persönlichen Gespräch vor einem aufmerksamen Partner, der von außen kommt und nicht zum gewohnten Kreis angehört, auszubreiten, ist eine Herausforderung und eine beachtliche kreative Leistung.

Das narrative biographische Interview ist auf diese Mitteilungssituation zugeschnitten. Das Narrative gibt dem Erzählen Raum, während das Biographische das Erleben des Interviewten in den Mittelpunkt stellt.

Während der Interviewpartner Biographisches entfaltet und zur Darstellung bringt, dies nacherlebt und in einem persönlichen Bewertungsprozess kommentiert, ist es Aufgabe des Interviewers, eine Gesprächssituation herzustellen, die dem Gegenüber klar werden lässt, dass er seiner Biographie Respekt zollt und das Interesse ausschließlich seiner Lebensgeschichte gilt. Es entsteht ein persönliches Bezugssystem, dem der Interviewer Aufmerksamkeit schenkt und diesem durch Betonung der Thematik zur Formulierung verhilft.

Seniorenprojekt

Im Anschluss an eine explorative narrative Studie (Radzik-Bolt 2006) entwickeln wir an der Abteilung für Klinische Psychologie, Psychotherapie und Psychoanalyse des Psychologischen Instituts der Universität Zürich ein breiter angelegtes Interviewprojekt, in dem wir im narrativen Prozess erschließen wollen, ob alte Menschen beim erzählenden Rückblick auf ihr persönliches Leben auf Glückserinnerungen stoßen, auf Ereignisse und Episoden, von denen sie sagen können »Da war ich glücklich«. Wir erwarten nicht, dass alte Menschen, wenn sie sich an glückliche, freudvolle aber auch schwierige, unglückliche Zeiten erinnern, zugleich eine *Glückserklärung* abgeben. Es interessiert die Frage, wie die interviewte Person einerseits Glückserfahrungen im Mitteilungsprozess zum Ausdruck bringt, wie andererseits Schmerz, Enttäuschung und Unglück zur Sprache kommen und welche individuelle Glücksdramaturgie sich im Erzählvorgang selbst entfaltet. Zugleich hat die sprachliche Gestaltung, die Reinszenierung von Ereignissen für den Erzähler die Funktion einer emotionalen Verarbeitung. Vergangenes kann im Nachhinein neu und verändert erlebt werden

Stichprobe und Datenerhebung

Es wurden zwölf zwei- bis dreistündige lebensgeschichtliche narrative Interviews mit gesunden Personen beiderlei Geschlechts mit unterschiedlichem Bildungs- und ökonomischem Status ab etwa 70 Jahre (nachberufliche Lebensphase), die sich nicht in einer akuten körperlichen oder seelischen Krise befinden, durchgeführt. Die Interviews waren grundsätzlich biographisch offen. Sie fokussierten in thematisch passenden Sequenzen Glücks- und Unglückserleben. Die Interviews wurden anhand eines Leitfadens, basierend auf dem *Biographisch-Narrativen Interview* von Schütze (1983), von insgesamt drei erfahrenen Fachpersonen geführt. Die Gespräche wurden videographiert und nach den Regeln der Ulmer Textbank vom Tonband schriftlich dokumentiert (Mergenthaler 1992). Aus diesen transkribierten Interviews extrahierten wir nach spezifischen Regeln definierte narrative Sequenzen, episodische Darstellungen, die einen Spannungsbogen besitzen und die Anfang, Mitte und Ende haben. Diese dramatischen Episoden wurden als Basis für die Erschließung subjektiver Glücksdramaturgien benutzt.

Die erzählanalytische Auswertungsmethode

Eng mit den Forschungsfragen verknüpft ist die Wahl eines geeigneten Instruments zur Datenanalyse. Das erzählanalytische, psychodynamisch fundierte Auswertungsverfahren JAKOB ist ein mehrstufiges Arbeitsinstrument, das den Kriterien der qualitativen Forschung und den Fragestellungen gerecht wird und bei der Auswertung der Interviewdaten zur Anwendung kommt. Die Erzählanalyse JAKOB ist ein qualitatives Untersuchungsinstrument, mit dem mündliche Alltagserzählungen, deren dynamische Szenen und die damit verbundene Modellierung subjektiver Dramaturgien als Glücks- und als Unglücksszenarien erforscht werden können. Die von Boothe (1989, 1994) sowie von Boothe et al. (2002) entwickelte Erzählanalyse JAKOB untersucht Erzählsequenzen, mit dem Ziel, Aussagen über das subjektive Glückserleben älterer Menschen zu machen in der Hoffnung, einen Beitrag zum Verständnis ihres psychischen Befindens zu leisten.

Das Datenmaterial besteht aus autobiographischen, mündlichen Erzählungen, aus alltäglichen Ereignisdarstellungen. Es sind Szenen, in denen ein Erzähler eine stattgefundene Episode, an der er selbst beteiligt war, als Begebenheit in ihrem Verlauf wiedergibt. Erzählen schafft so die Möglichkeit, in der Erinnerung etwas Beglückendes wieder erleben zu dürfen und zugleich die Chance, durch sprachliche Wiederholung erfahrenes Unglück zu verarbeiten und damit zu mildern. Wird persönliches Erleben erzählerisch thematisiert, so gleicht dies der Errichtung einer Probebühne, »auf welcher der Erzähler, auftretend als Ich-Figur, aktualisierend nachinszeniert, was ihm als Schritt, Station oder Etappe auf dem bisher zurückgelegten Lebensweg gilt« (Boothe 1989, S. 130).

Die Erzählung wird als Drama mit Ausgangssituation, Handlungsentwicklung und Abschluss charakterisiert. Die erzählende Figur führt Regie in diesem Drama, in welchem diverse Figuren als Akteure auftreten und miteinander interagieren. Der zuhörenden Person kommt dabei die Rolle des Publikums zu, welches durch den Einbezug von Figuren, durch die räumliche und zeitliche Situierung und die Erklärung von Hintergründen in einen imaginären Raum versetzt und so in die erzählte Welt eingeführt wird.

Zentraler Aspekt des Analyseverfahrens ist die Frage: *Wer* (Figur: Akteur) *tut/erlebt* (Aktion) *in Bezug auf wen* (Figur: Objekt der Aktion) *wo/in welcher Richtung, mit welchen Mitteln/unter welchen Umständen* (Umgebungselement) *was?* Durch die zentrale Verknüpfung von Aktionen (AK) und Objekten (OB) entstand der Name JAKOB.

Nicht eine zentrale Beobachtungsleistung, sondern das personal-emotionale Eingebundensein (Involviertheit) des Erzählers ist Anlass für die Darbietung und die sprachliche Gestaltung der Szenen. Demnach hat die Erzählung eine egozentrische Perspektive. Für eine psychoanalytische Sichtweise bedeutet dies, dass der Erzähler beim Akt der Inszenierung aus Ressourcen schöpft, die seiner inneren Konfliktlage, seinen inneren Objektbeziehungen und Bewältigungsstrategien entstammen und die für ihn einer emotionalen Verarbeitung gleichkommt. Indem Vergangenes im Prozess des Erzählens modelliert und damit neu erlebt und verändert wird, wird Erlebtes im Nachhinein abgearbeitet.

Die Erzählanalyse JAKOB wird in zwei Phasen vollzogen: Einer ersten Bearbeitung, in der eine Erzählung systematisch standardisiert wird, folgt in einer zweiten Phase die systematische Interpretation der Erzähldynamik.

Erschließung der Erzähldynamik auf der interpretativen Ebene

Wie Spiele sind auch Erzählungen regelgeleitet. Der Alltagserzähler etabliert einen Schauplatz des Geschehens, eine Bühne und einen Ausgangspunkt, der ihn wie auch den Hörer auf eine Reihe von Startbedingungen verpflichtet. Diese stellen Spannung her und eröffnen somit eine spezifische Narrationsdynamik. Mit dem Begriff der Spielregel wird das Entstehen dieser Spannung genauer gefasst. Gemäß der Spielregel entwickelt sich das erzählte Geschehen auf spezifische Art. Sie organisiert die erzählte Spannung und eröffnet einen Erwartungshorizont. Das geschieht durch die Setzung von Figuren, Requisiten, Kulissen und Aktionen. Diese geben dem Hörer eine Orientierung darüber, worum es in der Geschichte geht, für welche Not-, Glücks- oder Konfliktlage er sich interessieren und emotional engagieren soll. Es entsteht ein stillschweigender Pakt zwischen der Erwartung des Hörers und der Verpflichtung für den Erzähler. In der Initialphase der Erzählung wird ein Erwartungshorizont mit Verpflichtungscharakter eröffnet. Was zu Beginn der Erzählung festgelegt wird und sich an die Erwartungen eines Hörers richtet, soll mit der Analyse der Spielregel genauer erschlossen werden. Die Spielregel hat drei Teile:

- Startdynamik: Eröffnung der Erzählung durch die initialen Segmente.
- SOLL: Das hypothetische Optimum, auf das sich diese spezifische Startdynamik als Lösung ausrichtet.
- ANTI-SOLL: Die hypothetische Katastrophe, das maximale Scheitern, das die Startdynamik als radikale Zielverfehlung in Aussicht nimmt.

SOLL und ANTI-SOLL sind hypothetische Konstruktionen, die aus der Analyse der Startbedingungen abgeleitet werden. Nachdem, von der Startdynamik ausgehend, SOLL und ANTI-SOLL formuliert worden sind, wird der reale Entwicklungsausgang der Erzählung untersucht, das SEIN. Dieser Schritt ermöglicht es, zu erschließen, wie sich der Erzähler zwischen SOLL und ANTI-SOLL auf der realen Ebene des SEIN bewegt. Das Ergebnis des SEIN lässt sich in Nachzeichnung des Erzählverlaufs als Orientierung zwischen SOLL und ANTI-SOLL im Sinne einer Wunsch-Angst-Abwehr-Bewegung näher charakterisieren.

Da davon ausgegangen werden kann, dass Glückserleben mit der Erfüllung eines Wunsches in Zusammenhang steht, lässt sich aufgrund des gegenwärtigen Erkenntnisstandes folgende Arbeitshypothese formulieren:

»Der subjektive Horizont des Glücks lässt sich formulieren als die Erfüllung des hypothetisch erschlossenen SOLL, d. h. des hypothetischen Ergebnisoptimums; umgekehrt ist die subjektive Unglücksperspektive zu fassen als die hypothetisch erschlossene Katastrophe. Ableitbar aus diesem Glücks- und Unglückserleben sind damit verbundene Wunsch- und Angstvorstellungen« (Boothe 2003, S. 202).

Individuelle Dramaturgie des Glücks

Am Beispiel einer Erzählung soll die erzählanalytische Annäherung an eine Dramaturgie des Glücks dargestellt werden.

Frau K. ist eine 77-jährige, alleinstehende Frau, die zweimal geschieden ist, drei Söhne und mehrere Enkelkinder hat. Ihre aktuelle Lebenssituation belastet sie. Sie hat die drei Jahre zurückliegende Scheidung von ihrem zweiten Mann noch nicht verwunden. Sie leidet unter dem Alleinsein und fühlt sich einsam und ausgeschlossen. In ihren beiden Ehen hat Frau K. viel Schmerzliches und zahlreiche Enttäuschungen durch die Untreue ihrer beiden Männer erfahren. Als besonders schmerzhaft empfindet sie deren mangelnde Unterstützung und den fehlenden Kontakt zu ihrem zweiten Mann, dem sie nach wie vor in Liebe zugetan ist. Sie bedauert die ausgebliebene Versöhnung. Frau K. findet große Befriedigung im Beruf. Sie war ohne Unterbruch berufstätig. Noch zum Zeitpunkt des Interviews ist sie in leitender Position. Als tüchtige, erfahrene und engagierte Kollegin erhält sie viel Anerkennung und Zuneigung. Diese Erfahrungen bezeichnet sie als die glücklichsten ihres Lebens. Beeindruckend sind ebenfalls die glücklichen Momente, die sie im Kontakt mit ihren Enkelkindern erlebt, wie dies in der Erzählung mit dem Titel »Rotkäppchen« deutlich wird.

»Rotkäppchen«

1	ich habe vor zwei Wochen ... einen Telefonanruf bekommen aus * von meiner Schwiegertochter
2 v 1	also kurz nachdem sie gegangen sind
3	das ist noch nie da gewesen
4	es ruft sonst immer mein Sohn an
5	und sie hat angerufen
6	und das ist für mich ein Höhepunkt ohnegleichen gewesen
7	und zwar wollte ich dann wissen
8 III 7	weshalb sie mich anruft
9	das Kind ... das verlange die ganze Zeit Brot und Wein
10 v 9	das sie haben ...
11 v 10	es ist jetzt eineinhalb
12	es wolle zur Jaja
13	das ist die Großmutter
14	und es wolle ihr dies bringen wie im Rotkäppchen
15	und das hat mich so riesig gefreut
16 III 15	dass sie ans Telefon gegangen ist, um mir dies mitzuteilen
17	das ist ein Freudending gewesen

Die Erzählerin positioniert zu Beginn der Erzählung die Ich-Figur als Rezipientin eines Telefonanrufs (1) von der Partnerin (»Schwiegertochter«, 1) ihres Sohnes (»mein Sohn«, 4) Die Ich-Figur ist jedoch zum Zeitpunkt des Ereignisses, dem Telefonanruf, von Sohn und Tochter örtlich getrennt. Demnach wird in der Startdynamik eine familiäre, intim-vertraute, aber räumlich distanzierte Figurenkonstellation von Mutter, Sohn und Schwiegertochter etabliert.

Die örtliche Trennung zwischen den Figuren wird durch einen Telefonanruf aufgehoben, der seitens der Erzählerin auf neuartige Weise erlebt wird. Was zuvor noch nie da gewesen ist (3) wird in zu diesem Zeitpunkt Wirklichkeit: Die Schwiegertochter ruft an (5). War der telefonische Kontakt üblicherweise stets über den Sohn gelaufen (4), erscheint nun die Schwiegertochter als handelnde Figur auf der Bühne. Sie tritt mit dem Anruf direkt in Kommunikation mit dem erzählten Ich. Damit positioniert sich die Ich-Figur als Empfängerin und Miterlebende dieser neuen Kommunikationsart.

Aufgrund dieser Startdynamik lässt sich nun das SOLL formulieren: Die weiblichen Figuren nähern sich einander. Schwiegertochter und Ich-Figur vertiefen den bereits vorhandenen Kontakt. Dem gegenüber steht die Formulierung der hypothetischen Katastrophe, dem ANTI-SOLL: Die weiblichen Figuren entzweien sich. Die Schwiegertochter verfolgt mit dem Anruf das Ziel, die familiäre Einheit zu lösen. Zwischen diesen beiden Polen bewegt sich der reale, in diesem Fall positiv bewertete Ausgang der Erzählung, das SEIN: Die Schwiegertochter äußert den Wunsch ihrer Tochter, der Enkelin des erzählten Ichs, die Ich-Figur aufzusuchen, um sie körperlich zu stärken. Aus dieser Formulierung wird ersichtlich, dass sich das SEIN dem SOLL annähert.

Die familiäre Bande wird durch das Bedürfnis des Enkelkindes, die Nähe der Großmutter aufzusuchen, gestärkt. Die im Start gesetzte Annäherung der Schwiegertochter an die Erzählfigur wird untermauert, indem sie Übermittlerin des Wunsches der Enkelin wird, die Großmutter zu besuchen und sie zu füttern. Die Erzählfigur erfährt mit dieser Erzählung psychische Stärkung durch die Familie. Glück modelliert sich demnach für Frau K, die im Alltag unter dem Alleinsein leidet und sich ausgeschlossen fühlt, als Glück in der Gemeinschaft, als weibliches Gemeinschaftsglück. Nachdem sich die Schwiegertochter noch nie selbst mit dem erzählten Ich in Verbindung gesetzt hat, ist der Anruf aus * eine Überraschung, die so freudig aufgenommen, dass man vermuten könnte, er sei erwartet, sogar erwünscht worden, denn auf die Überraschung folgt nicht etwa Sprachlosigkeit, sondern ungetrübte Freude.

Obwohl hier auf die Wiedergabe weiterer Erzählanalysen verzichtet wird, soll zum Abschluss doch noch auf Erfahrungen in den Interviews eingegangen werden, die noch nicht systematisch ausgewertet worden sind: Glückliche Erinnerungen wurden oft summarisch berichtet und nicht als einzelne Episoden erinnert.

Fast glücklicher als das Ereignis selber war der Akt des Erinnerns und dessen Einordnung in die aktuelle Lebensbilanz: »Es war schwierig, aber heute bin ich dankbar für diese Erfahrung«.

Die Glückserlebnisse und die damit verbundenen Vorstellungen von Glück sind sehr individuell. Trotzdem lassen sich Muster und Gemeinsamkeiten erkennen:

1. Glück erfahrener Geborgenheit
2. Glück, schwierige Situationen im Leben überwunden und gemeistert zu haben
3. Glück, in einer Gemeinschaft aufgehoben zu sein
4. Glück gelungener Beziehungen
5. Glück in kreativem Tun
6. Glück der Versöhnung
7. Glück einer treuen Freundschaft
8. Glück, Freude bereiten zu dürfen und Freude zu erfahren
9. Glück des sozialen Engagements
10. Glück, vielfältigen Interessen nachgehen zu können
11. Glück, ein beschwerdefreies Alter genießen zu dürfen
12. Glück in der Muße
13. Grundloses Glücksempfinden

Es fanden sich auch Unterschiede in der Erfahrung von Glück zwischen den Geschlechtern. Während die Glückserfahrungen der Männer eher mit beruflichen Situationen, mit Gemeinschaftserlebnissen im Militär und in Jugendorganisationen zu tun hatten, standen die Glückserfahrungen der Frauen vorwiegend mit familiären Beziehungen und fürsorglichem Engagement in Zusammenhang.

Auf Glückserleben im Alter angesprochen, wurde immer wieder die gewonnene Freiheit, die eigenverantwortlich gestaltet werden kann, als Quelle der Freude und des Glücks erwähnt. Zudem wurde oft das Glück der Großelternschaft thematisiert, die Tatsache, die Enkel ohne die Verpflichtung zu erzieherischer Verantwortung genießen zu können.

Eindrücklich war auch, dass die InterviewpartnerInnen, beinahe ausnahmslos, ihr Leben als glücklich und gelungen bezeichneten, obwohl manche von ihnen schwere Schicksalsschläge erlitten und harte Lebensbedingungen erfahren hatten. Im Rückblick überwog das Gefühl der Dankbarkeit für ein erfülltes Leben. In keinem der Interviews wurde das Thema Tod explizit erwähnt und trotzdem schien es, als ob das Leben im Wissen um seine Endlichkeit als besonders kostbar empfunden wurde. Die Frage nach der Bedeutung des Erzählens und der Lebensrückschau wurde durchwegs positiv beantwortet. Die Interviewpartner wünschten sich vermehrt Gelegenheiten, über ihr Leben berichten zu können, weil sie die Erfahrung gemacht hatten, dass einiges in einem neuen Licht gesehen werden konnte. Oftmals kamen lange Zeit nicht mehr erinnerte Ereignisse zum Vorschein und konnten so vor dem Vergessen bewahrt werden.

Zusammenfassend scheint sich die in der Biographieforschung formulierte Hypothese zu bestätigen, wonach sich der Lebensrückblick für ältere Menschen lohnt. Somit sollte ihnen vermehrt die wertvolle Möglichkeit geboten werden, sich erzählend erinnern zu können.

Literatur

Boothe B (1989) Zur psychoanalytischen Konfliktdiagnostik. Bern (Lang).

Boothe B, Grimmer B, Luder M, Luif V, Neukom M, Spiegel U (2002) Manual der Erzählanalyse JAKOB, Berichte aus den Abteilung Klinische Psychologie I Nr. 48. Psychologisches Institut der Universität Zürich.

Boothe B (2003) Liebesfreuden – Lebensfreuden. Glück und Schmerz im Lebensrückblick. In: Boothe B & Ugolini B (Hg) (2003) Lebenshorizont Alter. Zürich (vdf Hochschulverlag).

Polkinghorne DE (1991) Narrative and Self-Concept. Journal of Narrative and Life History 1: 135–153

Radzik D (2006) Gesichter des Glücks. Glück und Unglück im Lebensrückblick alter Menschen. Langnau (Voegeli).

Rosenthal G (1995) Erlebte und erzählte Lebensgeschichte. Gestalt und Struktur biographischer Selbstbeschreibungen. New York (Campus).

Sarbin TR (1995) Emotional life, rhetorik and roles. Journal of Narrative and Life History 5: 213–220.

Schütze F (1983) Biographieforschung und narratives Interview. Neue Praxis 13: 282–293.

Straub J (2000) Biographische Sozialisation und narrative Kompetenz. Implikationen und Voraussetzungen lebensgeschichtlichen Denkens in der Sicht der narrativen Psychologie. In: Hoerning EM (2000) Biographische Sozialisation. Stuttgart (Lucius & Lucius), 137–163).

Korrespondenzadresse:
Prof. Dr. phil. Brigitte Boothe und lic. phil. Geneviève Grimm
Psychologisches Institut der Universität Zürich
Klinische Psychologie, Psychotherapie und Psychoanalyse
Binzmühlestrasse 14/16
CH–8050 Zürich
Email: *b.boothe@psychologie.uzh.ch* und *g.grimm@psychologie.uzh.ch*

Zeitgeschichtliche Erfahrungen und ihre Folgen – notwendige weitere Perspektive bei der Psychotherapie Älterer!

Hartmut Radebold (Kassel)

Zusammenfassung

Auf Grund des Zweiten Weltkrieges (1939–1945) erlebten und erlitten Kinder und Jugendliche in Deutschland und Österreich, die in den Jahrgängen zwischen 1927/29 und 1945/47 geboren wurden, in großem Umfang belastende, schädigende bis traumatisierende Erfahrungen. Die Folgen zeigen sich heute – teilweise nach einem 55 Jahre lang dauernden freien Intervall – auf Grund von Trauma-Reaktivierung und Re-Traumatisierung häufig in Form von unspezifischen psychischen, psychosozialen und körperlichen Symptomen. Diese werden in der Regel weder von den Betroffenen selbst noch von den professionell im Altersbereich Tätigen auf die lange zurückliegenden Ursachen bezogen. In gewissen Umfang besteht heute noch die Möglichkeit (psycho-) therapeutisch zu helfen.

Stichworte: zeitgeschichtliche Erfahrungen, Zweiter Weltkrieg, Traumatisierungen, (psycho-)therapeutische Hilfestellung

Abstract: Historical Experiences and their Consequences – further Essential Perspectives of Psychotherapy in the Elderly

Based on World War II (1939–1945), children and teenagers in Germany and Austria – who were born between 1927–29 and 1945–47 – experienced and suffered large scale damages and traumas caused by historic events. The consequences appear today – sometimes after a constant 55-year-long interval free of relapses – as a result of trauma-reactivation and re-traumatization frequently in the form of unspecific psychological, psychosocial and physical symptoms. These symptoms are often not linked to these past events by the professionals working with the elderly or even by those affected. To a certain extent, there are possibilities for (psycho)therapeutic help even today.

Keywords: contemporary experiences, World War II, traumatization, (psycho-) therapeutic help

Zeitgeschichtliche Erfahrungen

Die heute 60- bis 80-Jährigen (geboren zwischen 1925/26 und1945/46) erlebten in Deutschland und in Österreich direkt (und in der Schweiz indirekt) als Kinder bzw. als Jugendliche das Dritte Reich, den 2. Weltkrieg und die schwierige Nachkriegszeit. Sie waren in der Kindheit und Jugendzeit weitgehend passiv dem damaligen Geschehen ausgeliefert, mit zunehmenden Lebensalter (z.B. als »Flakhelfer« oder als junge Soldaten) aber auch aktiv daran beteiligt.

Statistische Daten und Ereignisse

Zahlen und Fakten sind nüchtern, aber sie informieren über das heute kaum noch erinnerte Ausmaß damaliger Ereignisse:

Tabelle 1: Statistische Daten zu den zeitgeschichtlichen Erfahrungen (aus Radebold 2000 und 2005, nach Dörr 1998, Friedrich 2002, Overmanns 1999, Sander 1992, Johr 1992)

- Im Ersten Weltkrieg starben bei ca. 13 Millionen Kriegsteilnehmern ca. 1,8 Millionen deutsche Soldaten (»Todesquote« ca. 14 %).
- Im Zweiten Weltkrieg kamen von mehr als 18 Mill. deutscher Soldaten ca. 5,3 Mill. ums Leben (»Todesquote« von ca. 28 %).
- Von den Männern der Geburtsjahrgänge 1910 bis 1925 starb jeder Dritte als Soldat (ca. 34 %). Vom Geburtsjahrgang 1920 kamen 4 von 10 Männern im Krieg ums Leben. In den Ostgebieten verlor jede 5. männliche Person ihr Leben.
- Ca. 14 Mill. Menschen verloren zwischen 1944 und 1947 ihre Heimat. Mehr als 0,47 Mill. Zivilisten (aber nicht 2 Mill.) kamen auf der Flucht bzw. während der Vertreibung ums Leben (mehr als die Hälfte davon Frauen und Kinder). – 0,5 Mill. Menschen wurden Opfer des Bombenkrieges.
- Die Gefallenen und Vermissten hinterließen mehr als 1,7 Mill. Witwen und fast 2,5 Mill. Halbwaisen bzw. Vollwaisen. Ungefähr ein Viertel aller Kinder wuchs nach dem Zweiten Weltkrieg auf Dauer ohne Vater auf.
- Im Frühjahr 1947 befanden sich noch 2,3 Mill. Kriegsgefangene in Lagern der Alliierten und 900.000 in sowjetischen Lagern. 1947 wurden 350.000 entlassen, 1948 rund 500.000 und 1949 weitere 280.000.
- Die Gesamtzahl der Vergewaltigungen wird auf ca. 1,9 Millionen geschätzt, davon 1,4 Millionen in den ehemaligen deutschen Ostgebieten und bei der Flucht und Vertreibung, 500.000 in der späteren sowjetischen Besatzungszone und 100.000 in Berlin.

Welche zeitgeschichtlich bedingten Erfahrungen konnten Menschen dieser Jahrgänge möglicherweise gemacht bzw. durchlitten haben?

Tabelle 2: Ereignisse des Zweiten Weltkrieges und der direkten Nachkriegszeit, die sich schädigend und traumatisierend auswirkten (für die Jahrgänge 1927/29–1945/47)

- Miterleben zahlreicher Bombenangriffe/Ausbombungen, teilweises Miterleben der Städtezerstörung/des »Feuersturms« mit zahlreichen Opfern
- Evakuierung der unter 10-Jährigen (zusammen mit der Mutter und jüngeren Geschwistern) und Kinderlandverschickung der über 10-Jährigen (mit Trennung von der Mutter und der weiteren Familie)
- Flucht (vor dem näher rückenden Krieg und/oder nach Hause)
- Vertreibung mit Verlust der Heimat, Flucht und späterem Aufwachsen in einer fremden, oft feindselig eingestellten Umwelt (Sprache, Religion, Lebensgewohnheiten etc.), einhergehend mit langen Hungerperioden, Verarmung und sozialem Abstieg der Eltern
- Langanhaltende väterliche Abwesenheit (durch Kriegsteilnahme und Gefangenschaft) – die Väter kehrten oft physisch/psychisch versehrt/krank zurück und blieben abgekapselt/unerreichbar – oder Vaterverlust (Vater gefallen, vermisst, an Krankheit verstorben).
- Zusätzlicher Verlust der Mutter (Status als Vollwaise), weiterer Geschwister und näherer Verwandter (insbesondere der Großeltern)
- Gewalterfahrung (aktiv/passiv) z.B. durch Verwundung und Miterleben von Tötung und Vergewaltigung

Diese Einflüsse wirkten, je nach Geburtsjahrgang, in den unterschiedlichen Entwicklungsphasen der damaligen Kinder und Jugendlichen ein; die Einflüsse dauerten individuell unterschiedlich lang, manchmal nur wenige Monaten aber oft auch mehrere Jahre. Die belastenden Einflüsse dauerten für manche noch lange bis in die Nachkriegszeit, sie traten in unterschiedlichen Kombinationen auf, so dass es zu Kumulationen kommen konnte – in der Regel machten viele damalige Kinder und Jugendliche 3–4 derartige belastende Erfahrungen (Frey u. Schmitt 2003).

Ausmaß möglicher Betroffenheit

Die damaligen Kinder und Jugendlichen waren allerdings in unterschiedlichem Ausmaß betroffen:

Tabelle 3: Ausmaß möglicher damaliger Betroffenheit

- Durch den Krieg und seine Folgen kaum beeinträchtigt aufgewachsene Kinder (geschätzt 35-40 %) mit anwesendem Vater und mit sicheren familiären, sozialen, materiellen und wohnlichen Verhältnissen.
- Kinder (geschätzt 30-35 %) mit zeitweiliger väterlicher Abwesenheit, zeitweilig eingeschränkten Lebensbedingungen und vorübergehenden belastenden bis beschädigenden Erfahrungen.
- Kinder (geschätzt 30-35 %) mit lang anhaltender oder andauernder väterlicher Abwesenheit bei meist lang anhaltenden eingeschränkten Lebensumständen und häufig auftretenden schädigenden bis traumatisierenden Erfahrungen.

Heute anzutreffende Folgen

Die heutigen Aussagen zu den Folgen stützen sich auf unterschiedliche Forschungszugänge:
- kumulierte Psychotherapie-Erfahrungen (Radebold 2000, 2005, Radebold u. Heuft 2006, Radebold et al. 2006),
- Erinnerungsarbeit (Ewers et al. 2006) und
- Ergebnisse aus früheren und laufenden Längsschnitts- sowie aktuellen repräsentativen Querschnittsstudien – letztere unter Nutzung zahlreicher testpsychologischer Instrumente.

Tabelle 4: Mögliche und wahrscheinliche Folgen zeitgeschichtlicher Erfahrungen für die Menschen der Jahrgänge 1925/26 bis 1945/46 (aus Radebold 2005)

1. Allgemeine Folgen: Erhebliche psychogene Beeinträchtigung (testpsychol. Befunde

2. Symptome (⇒ Störungen)

- Ängste (diffuse allgemeine Ängste, zielgerichtete Ängste = Phobien, Panikattacken; ICD-10 orientiert erhoben) ⇒ Angsterkrankungen
- depressive Symptome (ICD-10 orientiert erhoben) ⇒ Depressionen
- „körperliche" Beschwerden (Symptom-orientiert erhoben) ⇒ Anzeichen „larvierter" Depressionen, Hinweise auf funktionelle psychosomatische Störungen oder auf körperliche Erkrankungen (z. B. KHK)
- Beziehungsstörungen (wiederholte Beziehungsabbrüche bzw. Beziehungsunfähigkeit; Psychotherapiebefunde)
- Identitätsstörungen (verunsicherte oder eingeschränkte psychosexuelle Identität, Identitätsbrüche; Psychotherapiebefunde)
- Einstellungen (vorsichtige, skeptische bis misstrauische Einstellungen u. a. m.; testpsychol. Befunde)
- Psychische Müdigkeit (testpsychol. Befunde)
- Typische Ich-syntone Verhaltensweisen (sparsam, altruistisch, geringe Rücksichtnahme auf sich selbst, freundlich, angepasst, »funktionierend«, planend/organisierend, sich absichernd; abfragbar)
- Eingeschränkte psychosoziale Funktionsfähigkeit (Alltagsbewältigung) mit eingeschränkter Lebensqualität (testpsychol. Befunde)

3. Störungen

a) Spezifische: Partielle oder vollständige Posttraumatische Belastungsstörungen (chronifizierte Form)
b) Unspezifische: Angsterkrankungen, Depressionen, funktionelle und psychosomatische Störungen, schwere chronifizierte Anpassungsstörungen, Persönlichkeitsveränderungen und körperliche Erkrankungen

4. Weitere Folgen: Partnerschaftlich, familiär, transgenerationell, gesellschaftlich

---

Heute anzutreffende Verlaufsmuster

Weiterhin lassen sich heute spezifische, als typisch anzusehende Verlaufsmuster erworbener psychosozialer und psychischer Störungen aufgrund dieser zeitgeschichtlich bedingten Erfahrungen beschreiben.

Tabelle 5: Verlaufsmuster erworbener psychosozialer und psychischer Störungen aufgrund schädigender und traumatisierender Erfahrungen (Radebold 2005)

- Seit der schädigenden/traumatisierenden Erfahrung fortbestehende, chronifizierte und bis heute anhaltende Störungen (partielle oder vollständige Posttraumatische Belastungsstörungen), teilweise in bestimmten Situationen sich immer wieder verstärkend.
- Erworbene und anerzogene, typische (Ich-syntone) Einstellungen und Verhaltensweisen der »Kriegskinder« (spätestens ab 1949/50 Ich-synton lebenslang bestehend).
- Chronifizierte schwere Anpassungsstörungen und Persönlichkeitsveränderungen (bezüglich Beziehungsfähigkeit, psychosexueller Identität u. a. m.), die sich nach Jugendzeit allmählich ausbildeten bzw. bewusster wurden und sich spätestens ab dem mittleren Erwachsenenalter als störend manifestierten.
- Aufgrund eines zunächst »erfolgreichen« psychischen Bearbeitungsprozesses abgekapselte und abgespaltene traumatische Erfahrungen, die sich oft nach dem 60. Lebensjahr anlässlich von Trauma-Reaktivierung oder Re-Traumatisierung wieder manifestierten – teilweise in Form von Angsterkrankungen und Depressionen.
- Spätestens sich nach dem 60. Lebensjahr (häufiger schon im mittleren Erwachsenenalter) manifestierende Depressionen oft im Zusammenhang mit drohenden oder eingetretenen neuen Trennungen und Verlusten (Verwitwung etc.).
- Bedrohung der Autonomie infolge von Hilfs- und Pflegebedürftigkeit als potentielle zukünftige Risikosituationen und damit Wiederbelebung von Situationen erneuter Hilflosigkeit.
- Demenzielle Erkrankungen mit sich abgeschwächter Abwehrstruktur.

Insbesondere heute, nach über 60 Jahren und nach einem weitgehend symptomfreien Intervall, leben die schädigenden bis traumatisierenden Erfahrungen in der Alternssituation wieder auf. Dies lässt sich auf folgende Faktoren zurückführen:

- Wegfall der identitätsstiftenden Berufstätigkeit,
- die in größerem Umfang zur Verfügung stehende freie Zeit,
- die erlebte eigene Einbindung in den familiären Generationenzyklus und das Bewusstwerden der begrenzten Lebenszeit.

Entscheidende Bedeutung kommt dabei der Trauma-Reaktivierung wie auch der Re-Traumatisierungen (Heuft 1999) zu.

Fazit I

Ein relativ großer Teil der Menschen, die in den Jahrgängen zwischen 1927/29 und 1945/47 geboren wurden, haben (ebenso wie die Angehörigen der früheren Jahrgänge) spezifische zeitgeschichtlich bedingte Erfahrungen während des Dritten Reiches, des Zweiten Weltkrieges und der direkten Nachkriegszeit gemacht und erlitten. Ihr damaliger innerpsychischer Bearbeitungs- und Abwehrprozess führte häufig zu einer zunächst stabil erscheinenden (im Rückblick jedoch lebenslang einschränkenden) Resilienz, die nach Wegfall der stabilisierenden Faktoren für die Bewältigung der Situation des Alterns und Altseins fehlt. Zu den genannten Abwehrprozessen zählen:
- Verleugnung bis hin zur völligen Verdrängung,
- Bagatellisierung,
- Verkehrung ins Gegenteil, sowie
- Generalisierung und Aufspaltung von Inhalt und Affekt.

Für die damals betroffenen Kinder und Jugendlichen standen damals nicht in ausreichendem Maße protektive Einflüsse, wie stabile und beschützende Mutter-Kind-Beziehungen, heile Großfamiliensituationen oder vorbildhafte Männer etc. zur Verfügung. Mit großer Wahrscheinlichkeit ist daher davon auszugehen, dass viele PatientInnen in Institutionen der Gerontopsychiatrie, der Gerontopsychotherapie und -psychosomatik und der Geriatrie eine belastende Erfahrungsgeschichte mitbringen.

Heutige Begegnung und spezifische Interaktion

Bekanntlich geht es bei den Folgen nicht um die sachlich erinnerbaren Fakten, sondern um die mit den Erfahrungen zusammenhängenden Gefühle wie Angst, Panik und hilflos einer bedrohlichen oder beängstigenden Situation ausgeliefert zu sein. Diese können als innerliche Erstarrung, depressiver Rückzug aber auch als Trauer mit Kummer, Verzweiflung, Vorwürfen etc. zum Ausdruck kommen. Solche »Kriegskinder« funktionierten lange Zeit mit einem diesbezüglich gleichsam affektfreien Zustand.

Zugangsmöglichkeiten

Nur ein affektives Erinnern mit Einbettung der abgespaltenen Anteile in eine akzeptierte eigene Geschichte kann zu neuer Stabilität führen. Wie können wir Betroffenen helfen? Folgendes Vorgehen (Radebold 2000, insbesondere 2005) hat sich bewährt:

Es ist notwendig, sich über die damaligen Ereignisse in Europa zu informieren. Am besten ist es, sich als Therapeut oder Helfer klar zu machen, wie die eigene Familiengeschichte durch die damaligen Ereignisse – auch die lokalen oder regionalen – beeinflusst wurde. Dabei wird vielleicht auffallen, das diese Geschichte in der eigenen Familie häufig überhaupt nicht berichtet oder nicht hinterfragt wurde. Dann sollte man sich die Frage stellen, warum möchte man etwas über damalige Geschichte wissen oder warum schreckt man vor Fragen zurück.

Früher wurde von Hausärzten die Frage nach dem Geburtsort dazu benutzt, Kontakt aufzubauen. Wird diese Frage von alten Menschen beantwortet, die in bzw. nach dem Zweiten Weltkrieg fliehen mussten, wissen wir oft nicht, wo diese Orte liegen, da sie jetzt in fremden Ländern andere Namen haben. Hilfreicher ist deshalb die Frage nach dem Jahrgang verbunden mit einem spezifischen Hinweis: »Zu welchem Jahrgang gehören Sie? Dieser Jahrgang hat bekanntlich viel erlebt!«. Oft werden dann Fakten zu den zeitgeschichtlich bedingten Erfahrungen berichtet. Bestimmte »Chiffren«, wie z.B. Namen, oder Abkürzungen militärischer und politischer Funktionen, weisen auf Ereignisse hin, die zusätzlich dabei helfen, bestimmte zeitgeschichtliche Erfahrungen zu präzisieren – wenn wir nachfragen.

In unserem Gespräch müssen wir Raum und Zeit für das Erzählen der individuellen Geschichte zur Verfügung stellen. Die affektiven Anteile dieser Geschichte können nur im Rahmen einer vertrauensvollen Beziehung zum Ausdruck kommen. Die Bereitschaft zu erzählen kann durch Hinweise, wie »Sie haben wirklich etwas sehr Schlimmes erlebt« und »Sie waren als Kind (bzw. Jugendlicher) nicht daran schuld!«, gefördert werden.

(Psycho-) therapeutische Hilfsmöglichkeiten

In der Regel bleibt – auch nach zwei bis drei längeren Gesprächen – unbekannt, in welchem Ausmaß unsere älteren Gesprächspartner unter schädigenden und traumatisierenden Erfahrungen gelitten haben, welche protektiven Einflüsse damals und lebenslang weiter bestanden, wie sich diese Erfahrungen während des Lebens auswirkten und welche zusätzlichen Einwirkungen bzw. Risikofaktoren die Alternssituation (z.B. durch neue spezifische Verluste) mit sich bringt. Oft lassen ältere Gesprächspartner es auch im Unklaren, welche Hilfe und Unterstützung sie sich wünschen. In solchen Situationen sollte man sich selbst weitere Fragen stellen: »Will ich diese spezifische Geschichte kennen lernen?« »Bin ich in der Lage, sie mit zu tragen und zu ertragen?« »Was benötigt der Erzähler jetzt in der heutigen Situation?«

Für viele Betroffene reicht zunächst aus, überhaupt über ihre damaligen Erfahrungen sprechen zu können, dabei auftauchende Gefühle einzubringen, sich nicht ihretwegen schämen zu müssen und die Möglichkeit zu weiteren Gesprächen (in kurzen oder längeren Abständen) zu haben.

Folgende weitere Möglichkeiten direkter (psycho-) therapeutischer Hilfestellung stehen zur Verfügung (Radebold 2005, Radebold et al. 2006):
– *Selbsthilfe durch Biographiearbeit* d. h. durch Verfassen einer eigenen Biographie (auf Tonband gesprochen, noch besser diktiert bzw. selbst aufgeschrieben). Das Erstellen einer Autobiographie verlangt, alle Erinnerungen samt den dazugehörigen Gefühlen wachzurufen, zu ordnen und sie geordnet, in verbindlicher Form zu schildern. Dann ist es möglich, diese der eigenen sozialen Umwelt (Partner/Partnerin, Kinder, Verwandte oder Freunde) mitzuteilen. Wie wir wissen, ist ein solcher Prozess von entscheidender therapeutischer Bedeutung!
– *Teilnahme an einer so genannten* »Kriegskinder«-*Gruppe.* Inzwischen bieten Beratungsstellen, Kliniken und psychotherapeutischen Institutionen solche Gruppen an. Diese Form der Gruppenarbeit ermöglicht bei

10 Teilnehmern und (in der Regel) zehn Treffen von eineinhalb Stunden im wöchentlichen Abstand über die damaligen Erfahrungen zu reden und sich auszutauschen, wie man mit diesen Erfahrungen während des Lebens zurecht gekommen ist. Die professionelle Leitung erlaubt, bei Krisensituationen einzugreifen und für weitere notwendige therapeutische Hilfe beratend zur Seite zu stehen (Schlesinger-Kipp 2004, Winter 2006).

– Eine *Fokaltherapie* (im Umfang von 15–20 Behandlungsstunden) bei Menschen, bei denen jetzt noch Trauerprozesse notwendig sind, z.B. über den Verlust von Väter oder Mütter oder von der Heimat (Heuft et al. 2000).

– Eine längerfristigen *tiefenpsychologisch fundierte* bzw. *psychoanalytische Psychotherapie* (Radebold 2000, Heuft et al. 2000) bei ausgeprägten Belastungsstörungen, sowie bei Persönlichkeitsschwierigkeiten und anhaltenden innerpsychische bzw. intra- und intergenerationelle Konflikten, die mit den damaligen Erfahrungen zusammenhängen.

Eine stationäre Krisenintervention ist bei akuten Krisen manchmal erforderlich. Teilweise wird auch ein dosierter Einsatz von Psychopharmaka nötig.

Möglichkeiten indirekter (psycho-) therapeutischer Hilfestellung

Entscheidend ist, dass die professionellen Mitarbeiter im Altersbereich überhaupt an die heutigen Folgen damaliger Schädigungen und Traumatisierungen denken und entsprechend reagieren. Die beschriebenen Symptome und Störungen (Tab. 4) erweisen sich zunächst als unspezifisch und werden oft auch nicht von den Betroffenen mit früheren Erfahrungen in Verbindung gebracht. Daher ist es notwendig, im Konsiliar- und Liaisondienst gezielt insbesondere bei Angst- und Panikzuständen, bei depressiver Symptomatik oder zunächst unerklärlichen Verhaltensweisen (Sauer u. Emmerich 2006) nach einer spezifischen Erfahrungsgeschichte zu forschen und entsprechend zu beraten. Um jetzt adäquat sowohl individuell als auch institutionell reagieren zu können, bedürfen Pflege-Institutionen und ihre Mitarbeiter Information über die damaligen zeitgeschichtlich bedingten Erfahrungen und insbesondere über spezifische Reaktionsformen damaliger Lagerinsassen, vergewaltigter Frauen und traumatisierter Soldaten. Alt gewordene Frauen im

Pflegeheim, die damals z.B. vergewaltigt worden waren, dürfen keinesfalls in der Nacht von jungen Männern gewaschen, gewindelt oder im Intimbereich versorgt werden. Passiert dies, so ist es nicht verwunderlich, wenn sie – ihre Vorgeschichte ist in der Regel höchstens ihren Töchtern bekannt – weinen, schreien und sich massiv zur Wehr setzen!

Fazit II

Diese Aussagen lassen sich auch auf die Erfahrungen von Alt-Gewordenen aus anderen europäischen Ländern beziehen, die den Zweiten Weltkrieg dort erlebt haben, sowie auf spätere kriegerische Auseinandersetzungen in Europa (z.B. im früheren Jugoslawien) und auch auf außereuropäische Kriege und Kriegsfolgen. All diese Erfahrungen sind uns beim Erstgespräch zunächst unbekannt.

In der Regel bringen so Betroffene ihre heutige psychische und psychosoziale Symptomatik nicht mit den damaligen Ereignissen in Verbindung. Außerdem haben sie gelernt, keinesfalls davon spontan zu berichten. In den Familien wurde damals nur zu einem geringeren Teil getrauert und den Erlebnissen der Kinder – ganz im Gegensatz zu den Erlebnissen der Erwachsenen – nur geringe Bedeutung zugemessen. Später wollten die Angehörigen, seien es Partner oder Kinder, oft wenig »Geschichten aus dem Krieg« hören, die den Erzähler als vom Krieg Traumatisierten ausgewiesen hätten.

Dazu kam, dass man sich in der Bundesrepublik mit der deutschen Schuld identifizierte, die von vornherein verbot, über eigenes Leid zu sprechen. Deshalb erfahren wir auch jetzt, wenn überhaupt, und dann meist nur auf Nachfrage etwas über die damaligen Geschehnisse, keinesfalls aber über die dazugehörigen Gefühle.

Wenn die Betroffenen davon erzählen, dürfen sie dabei nicht erneut in eine Situation der Verlassenheit und des (wiederbelebten) Ausgeliefertseins an eine hilflos machende und unbeeinflussbare Situation kommen. Deshalb ist eine tragfähige und vertrauensvolle Beziehung notwendig. Leider können wir für manche oft nicht mehr so viel tun, wie es aufgrund ihrer Geschichte notwendig wäre. Das, was wir aber tun können, sollten wir durch Diagnostik, Beratung, Behandlung und Psychotherapie auf jeden Fall anbieten.

Wir haben eine Geschichte, wir sind Geschichte und wir verkörpern Geschichte (Radebold 2005)!

Literatur

Ewers HH, Mikota J, Reulecke J, Zinnecker J (Hg) (2006) Erinnerungen an Kriegskindheiten. Erfahrungsräume, Erinnerungskultur und Geschichtspolitik unter sozial- und kulturwissenschaftlicher Perspektive. Weinheim (Juventa).

Frey C, Schmitt M (2003) Kindheitsbelastungen und psychische Störungen im Erwachsenenalter. In: Radebold H (Hg) Kindheiten im II. Weltkrieg und ihre Folgen. psychosozial 26: 33 – 38.

Heuft G (1999) Die Bedeutung der Trauma-Reaktivierung im Alter. Z Gerontol Geriat 32: 225 – 230.

Heuft G, Kruse A, Radebold H (2000) Lehrbuch der Gerontopsychosomatik und Alternspsychotherapie. 2. Auflage 2006. München (Reinhardt).

Radebold H (2000) Abwesende Väter und Kriegskindheit. Fortbestehende Folgen in Psychoanalysen. 3. Auflage 2004. Göttingen (Vandenhoeck & Ruprecht).

Radebold H (2005) Die dunklen Schatten unserer Vergangenheit. Ältere Menschen in Beratung, Psychotherapie, Seelsorge und Pflege, 2. Auflage 2005. Stuttgart (Klett-Cotta).

Radebold H, Heuft G (2006) Bleiben (Kriegs-) Traumata potenziell lebenslang ein Risikofaktor? – Wir haben eine Geschichte, wir sind Geschichte und wir verkörpern Geschichte. ZPPM 4: 39 – 52.

Radebold H, Heuft G, Fooken I (Hg) (2006) Kindheiten im Zweiten Weltkrieg. Kriegserfahrungen und deren Folgen aus psychohistorischer Perspektive. Weinheim (Juventa).

Sauer M, Emmerich S (2006) Das Schicksal der Beziehung im Kontext von Krankheit und Behinderung. ZPPM 4: 11 – 28.

Schlesinger-Kipp G (2004) »Meine Kindheit im Krieg auf der Flucht«. Gesprächskreis mit 60- und 70-Jährigen. Psychotherapie im Alter 1(3): 67–78.

Winter W (2006) Was können und was müssen wir für Betroffene heute (therapeutisch) tun? – Aus der Sicht der Beratung. In: Radebold H, Heuft, G, Fooken I (Hg) (2006) Kindheiten im Zweiten Weltkrieg. Kriegserfahrungen und deren Folgen aus psychohistorischer Perspektive. Weinheim (Juventa) 209–218.

Kontaktadresse:
Univ. Prof. emer. Dr. med. Hartmut Radebold
Habichtswalder Str. 19
34119 Kassel
Email: *alternspsychotherapieradebold@t-online.de*

Zur Bedeutung der Freudenbiographie im Alter

Verena Kast (Sankt Gallen)

Zusammenfassung

In der Freudenbiographie lassen wir Situationen, die uns mit Freude und Stolz erfüllt haben, wieder gegenwärtig und lebendig werden. Bei Therapien mit alten Menschen, bei denen es darum geht, Situationen ihres Lebens, mit denen sie sich nicht versöhnen können, empathischer mit sich selbst noch einmal zu bedenken, ist die Stimmung und das bessere Selbstwertgefühl, die durch das Erstellen der Freudenbiographie erreicht werden können, hilfreich. Da der Abruf von Erinnerungen von der emotionalen Gestimmtheit abhängt, werden nicht nur quälende, sondern auch gute Erinnerungen wach; quälende Erinnerungen können dann auch besser losgelassen werden. Die Freudenbiographie weckt Freude und gehobene Emotionen, die zur Zufriedenheit im Alter beitragen.

Stichworte: Biographie, Erinnerung, Geschichten, Freudenbiographie, Lebensrückblickstherapie

Abstract: Biographical Reconstructions of Joy in the Elderly

Reconstructing a biography of joy allows us to vividly recall situations full of joy and pride. In therapy with elderly people we have to deal with decisions which cannot agree with anymore. The consequence: they cannot accept their lives as a whole and are turn bitter. In a life review therapy we try to reconcile the elderly with their lives. Reconstructing the biography of joy is helpful in doing this: the feeling of self-esteem combined with joy is a natural tool of self-acceptance. The recalling of memories is dependent on the emotional state – in a state of joy we also recall joyful experiences – that helps to accept and to let go of the more difficult memories.

The biography of joy awakens joy and elated emotions like inspiration and hope. Elated emotions seem to be an important aspect of happiness in older age.

Keywords: biography, memories, narratives, biography of joy, life review therapy

Einleitung

Das Erzählen aus der eigenen Biographie, das Erinnern und das Wieder-Erleben von Lebenssituationen belebt alle Menschen, ganz besonders aber die älteren und alten. Der Gedächtnisforscher Daniel Schacter (1996, 2001, 65) ist der Ansicht, dass »unser Ich-Gefühl (und damit unsere Identität, VK) entscheidend von der subjektiven Erfahrung der Erinnerung an unsere eigene Vergangenheit abhängt.«

Um sich zu erinnern, muss man sich keine große Mühe geben. Wir erinnern uns ständig. Was immer wir erleben, lesen, sehen oder hören, kann als Abrufreiz für Erfahrungen aus dem eigenen Leben benützt werden. Immer wieder fallen uns korrespondierende oder ganz und gar gegenteilige Erfahrungen ein. So funktioniert unser autobiographisches Gedächtnis. Allerdings gibt es eine Einschränkung, was gefühlsmäßig nicht bedeutsam ist, wird nicht erinnert. Wer nicht erinnert, flacht nach Markowitsch (2002, 121) emotional ab. Erinnerungen hingegen werden durch die mit ihnen verbundenen Vorstellungen in ein aktuelles emotionales Erleben verwandelt. Die Verbindung mit den gefühlten Emotionen ist die Verbindung zu den Wurzeln eines Menschen, zu unserer Person überhaupt.

Da erinnert man sich mit Rührung, mit Freude oder auch mit Missbehagen daran, wie man sich früher verhalten hat, wie man gefühlt hat. Vielleicht auch daran, dass man früher so ganz anders war als heute. Man wundert sich, wie man der oder die geworden ist, der oder die man heute ist. Lebensentwürfe, die einem einstmals wichtig waren, fallen einem wieder ein: hat man sie verwirklicht, eingelöst, wenigstens ansatzweise, oder hat man sie einfach vergessen?

Im Erzählen aus dem eigenen Leben wird deutlich: Einige sind alles in allem einverstanden und versöhnt mit ihrem Leben, sogar etwas stolz – das Leben ist ein Ganzes geworden, rund – und sie sind auch damit einverstanden, dass nicht mehr viel Zeit bleibt. Andere spüren eine Diskrepanz zwischen dem, was sie geworden sind, und dem, was sie in ihrer Wahrnehmung hätten sein oder werden können – und die Zeit fehlt, um nachzuholen. Ein leicht depressiver Schleier senkt sich dann über das Leben – oder aber auch eine große Bitterkeit.

Geschichten erzählen

Die Biographiearbeit beruht darauf, dass wir Menschen Geschichten erzählen können. Es genügt nicht, Informationen zu sammeln und Ereignisse zu benennen; um zu erinnern, braucht es Geschichten. Eine Geschichte ist auch etwas anderes als das Erlebnis, das die Grundlage dafür ist. Was wir erlebt, erfahren haben, was wir uns wünschen, das kleiden wir in Geschichten, die wir einander erzählen. Gute Geschichten erzählen wir allerdings nur, wenn andere Menschen uns gut zuhören. Dann aber wird in unseren Geschichten unsere Vorstellungsfähigkeit wach, werden unsere Gefühle geweckt – Vergangenes wird vergegenwärtigt, aktualisiert und belebt uns. »Stell dir vor, was mir passiert ist ...« So leiten wir eine Erzählung ein und appellieren an die Vorstellungskraft des Zuhörers, der Zuhörerin, aber auch an unsere eigene. Gelegentlich erzählen wir von etwas, von dem wir gar nicht sprechen wollten – Verdrängtes schmuggelt sich in unsere Erzählungen.

Unsere Geschichten machen unsere Identität aus und mit unseren Geschichten bewerten wir auch implizit unser Leben. Wir bezeichnen es als gut oder quälend, als belanglos oder bedeutsam.

Ältere Menschen erzählen natürlicherweise aus ihrem Leben, sie haben geradezu einen Drang zu erzählen, aus ihrer Jugend, aus der Zeit ihres jungen Erwachsenenalters, aus der Kindheit – ihre Erinnerungen werden aber auch abgefragt: Wie war es damals, als Du noch ein Kind warst? Biographiearbeit nimmt das natürliche Bedürfnis älterer Menschen auf, das Leben erzählend zu überschauen und es sich in der Erinnerung – oder wenigstens in einzelnen Erinnerungsspuren – noch einmal zu vergegenwärtigen. Nun sind einige Erinnerungen aber auch quälend oder beschämend. Sie werden vermieden, weil sie schmerzhaft sind, und Unzufriedenheit, Enttäuschung, Wut oder Verbitterung wieder hochkommen lassen. Verbitterte Menschen geben auch ihren Mitmenschen Bitteres und wenig Freundliches. Sie sind unversöhnt mit ihrem Leben. Sie beschuldigen sich und bewerten aus der heutigen Sicht etwas, das ihnen vor 60 Jahren widerfahren war. Noch einmal die Lebensgeschichte, auch die Aspekte der Lebensgeschichte, die schwierig sind, mit einem freundlicheren und empathischeren Blick für sich selber neu zu erzählen, kann helfen, sich mit dem Leben zu versöhnen (Kast 2005). Dabei ist es auch wichtig, die persönliche Biographie im Zusammenwirken mit zeitgeschichtlichen und kulturgeschichtlichen Ereignissen zu sehen und zu verstehen. Es geht bei der Biographiearbeit nicht um Denkmalpflege der Fehler und Verfehlungen, es geht nicht darum, sich noch einmal als großes Opfer der Umstände zu verstehen, es geht darum, zu erinnern, um zu vergessen, zu erinnern, um zu akzeptieren, zu erinnern, um sich zu versöhnen, zu erinnern, um zu wissen, was für die Zukunft noch wichtig ist.

Erinnerung und Gedächtnis

Menschen erinnern in der Regel einzigartige Ereignisse und besondere Situationen oft verbunden mit unerwarteten Wendungen im Leben, mit Krisen und mit den daraus erwachsenden Veränderungen. Dabei wird selten nur die Veränderung benannt, sondern immer auch das, was gleich blieb. Wir können Veränderungen nur auf der Folie des Gleichbleibenden wahrnehmen. Selbstverständlich handeln diese Erinnerungen auch von Unerledigtem. Am besten erinnern wir uns, wenn etwas neuartig, folgenreich oder emotional bedeutsam war, allenfalls aber auch, wenn es mit einem Moment großer Zeitgeschichte verknüpft ist, etwa dem Ende eines Krieges oder dem 11. September mit der Zerstörung der Twin Towers in New York (Kotre 1996, 124ff).

Erinnerungen sind nicht stabil, sie verändern sich. Man weiß, dass unsere emotionale Befindlichkeit und der Kontext, in dem Erinnerungen abgerufen werden, einen großen Einfluss auf das Erinnerte haben. Geht es uns schlecht, wird die Vergangenheit in düstersten Farben gemalt, geht es uns wieder besser, dann schildern wir sie differenzierter. Das ist auch in psychotherapeutischen Behandlungen zu beachten.

Wir erzählen Episoden immer wieder etwas anders, wir bewerten sie aber vor allem auch anders. Unsere aktuelle emotionale Gestimmtheit hat also einen Einfluss darauf, welche Episoden wir erinnern. Fühlen sich Menschen depressiv, erinnern sie depressive Inhalte, sind sie freudig gestimmt, erinnern sie auch freudige. Unsere Erinnerungen verändern sich, weil wir uns im Laufe des Lebens selbst verändern.

Das Gedächtnis wird heute nicht einfach verstanden als etwas, das unsere Erinnerungen aufbewahrt und speichert. Wir meinen zwar, akkurat zu erinnern, was genau geschehen ist, und dennoch ist es nicht so. Das kann man leicht erforschen, indem man zum Beispiel Tonbandmitschnitte von Gesprächen vergleicht, mit dem, was Menschen noch erinnern. Es gehört zum Wesen des Gedächtnisses, dass Erinnerungen umgebaut werden. Dies ist ein kreativer Akt, man spricht deshalb von der kreativ konstruktiven Fähigkeit unseres Gedächtnisses. Im Gedächtnis kann alles, was einmal geschehen ist, auch ergänzt, gekürzt oder beschnitten werden. Derjenige, der sich erinnert, ist aber überzeugt, dass die Erinnerung eine mehr oder weniger deutliche Kopie des Erfahrenen ist, d.h. Teil der eigenen Vergangenheit. Für ihn geht es um eine »mentale Zeitreise, das Wiedererleben von Dingen, die in der Vergangenheit geschehen sind.« (Tulving 1993, 127) Episodisches Erinnern ist für Tulving eine Art Imagination, bei die Grenzen von Zeit und Raum überschritten werden können. Wenn wir uns erinnern, versetzen wir uns mit Gefühlen und Vorstellungen in gewesene Situationen hinein – und so werden sie gegenwärtig. Dabei scheint unser Gedächtnis die Tendenz zu haben, aus Bruchstücken immer wieder ein Ganzes zu machen (Markowitsch 2002, 172).

Das kennen wir auch aus Lebensgeschichten. Haben wir große Veränderungen durchgemacht, gibt es Brüche in unserem Leben und konflikthafte Entwicklungen und Risse, dann suchen wir nach den Wurzeln für diese großen Veränderungen. Das als neu erlebte Selbst braucht Wurzeln. Wenn wir unsere Lebensgeschichte in einer etwas veränderten Form erzählen, geschieht das im Dienst des neuen, aktuellen Selbst, das wir wahr halten.

Erinnerungen kann man uns – von außen gesehen zumindest so lange, wie unser Gedächtnis funktioniert – nicht nehmen, sie sind ein großer Schatz. Nur wir selber können uns berauben, indem wir unsere Erinnerungen nicht wertschätzen und Emotionen so sehr kontrollieren, dass uns alles gleich gültig und damit auch gleichgültig wird.

Dass Erinnerungen ein großer Schatz sind, zeigt sich bei den verschiedenen Verlusterfahrungen. Verlieren wir etwa Menschen durch den Tod, dann sind es die Erinnerungen an das gemeinsame Leben, die bleiben und die auch helfen, dass man sich von einem verstorbenen Menschen ablösen kann. Das möglichst emotionale Erinnern der gemeinsamen Geschichte lässt die Beziehung noch einmal »auferstehen«. Diese Erinnerungen müssen, auch wenn wir einen Menschen verloren haben, nicht geopfert werden. Sie erlauben, uns von einem verstorbenen Menschen abzulösen und uns wieder auf das Leben einzulassen (Kast 1999, 2005).

Aber auch in weniger dramatischen Lebenssituationen, wenn etwa einem das Vertrauen abhanden kommen könnte, kann uns die Erinnerung an Situationen, in denen wir gegen besseres Wissen vertraut haben – und es gut ausgegangen ist – zum Vertrauen ermuntern. Liebevolle, besonders unerwartete

Erfahrungen fallen uns unvermittelt ein und lassen uns doch wieder an das Gute im Menschen glauben. Um unsere Biographie zu konstruieren, brauchen wir die Erinnerung, für die Rekonstruktion der Freudenbiographie die Erinnerung an Freuden in unserem Leben.

Freudenbiographie

Normalerweise erzählen wir unsere Lebensgeschichte unter dem Aspekt von Schwierigkeiten. Wir erzählen, wie die Schwierigkeiten, die wir heute haben, geworden sind, allenfalls auch, welche Schwierigkeiten wir überwunden haben – und das kann dann auch mit etwas Freude und Stolz verbunden sein.

Die Freudenbiographie nimmt eine ganz andere Perspektive ein: Es wird danach gefragt, wie und in welchen Situationen Freude im Leben erlebt worden ist, wie sie abgewehrt wurde, wie sie einem verdorben wurde und was aus der Freude im Laufe des Lebens geworden ist. Ist sie weniger geworden, ist sie mehr geworden? Die freudigen Situationen werden dadurch in der Vorstellung noch einmal erlebt, man lässt sich noch einmal imaginativ ganz auf diese Situationen ein, so weit es einem möglich ist.

In der Regel werden beim Erstellen einer Freudenbiographie ganz andere Aspekte der Persönlichkeit als in einer normalen Anamneseerhebung beleuchtet. Dennoch werden wichtige Veränderungen im Leben sichtbar, ja in ihrer emotionalen Bedeutung sogar greifbarer, als wenn wir eine übliche Anamnese erheben.

Freude erleben wir dann, wenn etwas besser ist, als erwartet, und uns mehr zukommt, als zu erwarten war. Wenn wir uns freuen, sind wir einverstanden mit uns, mit der Welt und mit den Mitmenschen (Kast 1991). Eine der Ausdrucksgesten der Freude ist, dass Augen aufstrahlen und Gesichter aufleuchten, es gibt den Eindruck von etwas Strahlendem, Leuchtenden oder Lichtem.

Die Bewegungen, die wir mit Freude verbinden, sind Bewegungen in der Vertikalen, Bewegungen, die zur Höhe und zur Weite hin tendieren. So gehen die Mundwinkel nach oben, wenn wir uns freuen oder wenn wir lächeln; wir könnten vor Freude Luftsprünge machen oder wir werfen etwas hoch in die Luft. So wird deutlich, dass in der Freude ein Gegengewicht zur Erdenschwere und zur Dunkelheit ist. Freude suggeriert uns eine mögliche Verbundenheit mit etwas, das über uns hinausgeht.

Wenn wir uns freuen, dann fühlen wir Wärme in uns aufsteigen, eine körperlich erfahrbare, aber durchaus auch eine seelische Wärme. Diese lässt uns offener, aber auch lebendiger werden. Das Selbstgefühl, wenn wir uns freuen, ist ein Gefühl des selbstverständlichen Selbstvertrauens, das daraus resultiert, dass wir dann uns selbst, die Innenwelt und die Mitwelt akzeptieren können, wie sie ist, weil uns eh mehr zugekommen ist, als wir erwartet haben. Zu diesem Selbstvertrauen gehört, dass man sich bedeutsam fühlt, ohne dass man bedeutsam sein muss. Dieses selbstverständliche Selbstvertrauen, das wir als Menschen im Zustand der Freude erleben, macht uns offen. Wir müssen nicht stur unsere Ich-Grenzen behaupten, wir können sie öffnen. In der Freude sind wir nicht misstrauisch, eher manchmal naiv. Wir erwarten nichts Böses, tritt es dann doch ein, dann fühlen wir uns sehr verletzt. Man kann sich vor solchen Verletzungen schützen, indem man die Freude nicht mehr zulässt. Das ist ein teurer Schutz.

Selbstverständliches Selbstvertrauen, Bedeutsamkeit, auf der man nicht beharren muss, Offenheit und die Möglichkeit des sich Öffnens, ergibt ein Selbstgefühl der Vitalität und der Kompetenz, mit dem Leben umgehen zu können. Wir spüren neue Lebensenergie. Daraus resultiert, dass wir den Menschen nahe sein möchten, dass wir teilen möchten und dass wir den Mut finden, miteinander Lösungen zu erproben. Freude ist die grundlegende Emotion für Verbundenheit und Solidarität.

Wie kann diese Emotion immer wieder gefunden und vermehrt werden? Einmal gewinnt man Freude durch Ansteckung. Alle Emotionen können uns anstecken. Es geht darum, sich von freudigen Menschen, aber auch von Texten, die Freude bereiten, und von Musik anstecken zu lassen. Träume können, besonders wenn sie imaginativ ausgearbeitet werden, nicht nur auf Konflikte sondern auch auf Situationen hin befragt werden, die Freude auslösen. Und diese Situationen dürfen auch ausgekostet werden. Es gibt darüber hinaus aber auch die Methode der »Selbstansteckung« durch die Rekonstruktion der Freudenbiographie.

Erleben der Freudenbiographie

Man versucht, sich Freudensituationen vorzustellen zum Beispiel dadurch, dass man sich mit einer imaginativen Technik in die Körperbewegungen des Vorschulkindes oder des Schulkindes einfühlt, besonders natürlich in Körperbewegungen, die Freude gemacht haben. Man kann sich die Situation wie einen Film vorstellen, man kann aber auch versuchen, in die Haut des Kindes zu schlüpfen. Gefragt wird nach der Emotion der Freude (Kast 2006). Werden solche Imaginationen der Freude erzählend etwa in einer Gruppe ausgetauscht, so werden weitere Erinnerungen wach. Meist werden dann Erinnerungen an später Erlebtes auch zugänglich. Fallen nicht spontan weitere freudige Erlebnisse ein, kann man durch Fragen nach der Chronologie helfen. Was hat Freude oder Vorfreude ausgelöst, als man etwa 12 Jahre alt war? Die Vorfreude ist eine besonders intensive Freude, da sie mit Neugier und Unsicherheit gekoppelt ist. Nach Ansicht der Neurowissenschaftler aktiviert sich das Belohnungssystem mehr bei der Vorfreude als bei der Freude.

Eine 68-jährige Frau beschreibt ihre Imagination der Freude als Vorschulkind: Ich kam überaus stürmisch als Sturzgeburt in einer stürmischen Nacht im November 1938 auf diese Welt, so erzählte es mir meine Mutter.

Ich bin 5 Jahre alt, ein lebhaftes und sehr neugieriges Kind. Ich bestürme meinen Onkel Otto »den Herrn Dorfschullehrer«, dass er mich in die Schule mitnehmen solle. Meinem stürmischen Temperament kann er nicht widerstehen und so hüpfe ich mehr als gehend, freudig und stolz an der Hand meines Onkels in die Schule, wo er unterrichtete. Naturkunde nannte man das Fach damals, das meine allererste Schulstunde zum unauslöschbaren, freudvollen Erlebnis werden ließ. Mucksmäuschenstill, »fast einem Wunder gleich bei meinem Temperament« lauschte ich gebannt, was mein Onkel über Vögel erzählte.

Ich vermag noch heute das gezeichnete, farbige Bild (kein Foto) einer Ente vor mir sehen, das der »Herr Lehrer« der Schulklasse zeigte. Noch aufregender und freudvoller war dann für mich, dass auf einem langen Holztisch eine Unmenge – so kam es mir damals jedenfalls vor – Farbstifte lagen. Die damals ca. 9-jährigen Schulkinder und sogar auch ich, durften Farbstifte auswählen, dazu ein großes weißes Blatt und sollten nun einen Vogel malen.

Meine gemalte Ente glich allerdings eher einem Dinosaurier als einem Entenvogel (Kommentar meines Onkels in späteren Jahren), dafür aber besaß sie, das ganze Zeichenblatt ausfüllend, eine Unmenge Federn in allen Farben. Ich erinnere mich noch genau daran, dass mein Vogel der farbenprächtigste war und ich von den anderen Kindern bewundert wurde. Das waren für mich eine Riesenfreude und auch ein tolles Gefühl des Stolzes.

Die Freude am Malen hat mich bis zum heutigen Tag nicht verlassen, ich

male heute noch leidenschaftlich gerne, das Malen ist für mich eine uner-
schöpfliche Quelle der Freude und Entspannung, die mich gut und lebendig
fühlen lässt, besonders dann, wenn mir ein Bild gelungen ist.
Zur Freude am selber Malen, kam auch bald die Freude, Gemälde von
»echten« berühmten Künstlern in Museen zu bestaunen dazu. Nun nicht
mehr an der Hand meines Onkels, sondern 21-jährig an der Hand meines
damaligen Freundes, besuchten wir leidenschaftlich Museen, in denen ich
mich, umgeben von herrlichsten Gemälden, wie in einem wunderschönen
Zuhause fühlte. So wurde die Kunst zu einer neuen Quelle der Freude, die
mich bis heute begleitet.
Ich bin überzeugt, dass mir als tattrige Greisin in ein paar Jahren der Be-
such von Kunstausstellungen immer noch ein mit Freude erfülltes Leuchten
in mein Herz zaubern wird und mich vielleicht für Stunden oder gar Tage das
»Tattrige« vergessen lässt.

Diese Erinnerung am Beginn der Freudenbiographie brachte viele weitere
freudige Reminiszenzen ins bewusste Erleben zurück, regte aber auch grundsätzlich zur Biographiearbeit an.

Die Rekonstruktion einer solchen Freudenbiographie kann weiter ergänzt werden durch Erzählungen von Eltern, Geschwistern usw.. Auch Fo-
tos, Kinderbücher, die man besonders geliebt hat, alte Spielsachen, Zeich-
nungen und Träume können weitere Erinnerungen wecken.

Sammeln der aktuellen Freuden

Zu einer Freudenbiographie gehören natürlich auch die aktuellen Freuden.
Auch diese können in der Vorstellung lebendig werden. Das Problem mit der
Freude besteht nämlich oft darin, dass wir sie zu wenig in ihrer Qualität
wahrnehmen und dieser Emotion zu wenig Beachtung schenken.

Als aktuelle Freude beschreibt eine 80-Jährige, wie sie im Wald auf weichem
Moos geht, wie sich das an den Füssen anfühlt und wie sie das beschwingt.
Freude stellt sich bei ihr auch ein, wenn sie einen Säugling auf dem Arm hält.
Ein 72-Jähriger freut sich auf einen Opernbesuch und malt sich diesen
schon in der Vorstellung aus – er hat schon ein Bild davon, wie der Dirigent
zu dirigieren hat.

Ein anderen 72-Jähriger kopiert Filme auf Videos, schneidet sie zusammen und wird damit seine Kinder überraschen. Bereits jetzt freut er sich auf die Freude, die seine Kinder haben werden, übrigens eine verbreitete Freude – die Freude an der Freude, die wir anderen Menschen machen.

Ein 84-Jähriger erzählt, dass er sehr geschickt war mit den Händen. Besonders Probleme mit Wasserrohren konnte er gut beheben. Strahlend erzählt er, dass er dies immer noch kann und dass er kürzlich einer Nachbarin aus einer großen Verlegenheit geholfen habe.

Man kann Freuden aus der eigenen Lebensgeschichte über die Imagination zurückholen.

Eine Frau erzählt, als ihre Krebskrankheit bereits weit fortgeschritten ist, sie habe früher eine solche Freude am Klettern gehabt; sie erzählt auch von Klettertouren im Himalaja – und jetzt könne sie nicht einmal mehr einen raschen Spaziergang machen. Ich bringe sie dazu, mir von ihren Erfahrungen im Himalaja zu erzählen, bis sie sagen kann: »Jetzt ist die Erinnerung wieder da, ich kann mich ganz in die Erinnerung hinein geben – und mich darüber freuen«. *Das tat sie dann auch immer wieder – es war ihr ein Trost bis ganz kurze Zeit vor ihrem Tod.*

Um Freuden wieder zu reaktivieren, ist es wichtig, präzise nach ihnen zu fragen. Was hat Ihnen gestern oder heute Freude gemacht? Wie hat es sich angefühlt, wie hat es auf ihre Stimmung gewirkt und wie hat es ihr Verhalten verändert?

Was bringt die Rekonstruktion der Freudenbiographie? Sie bringt den Kontakt zu sich selbst – zu sich als auch freudigen Menschen. In der Erinnerung wird die Freude wieder belebt. Damit werden Situationen wieder lebendig, in denen man mit sich und mit der Welt einverstanden war, in denen man bereit war, sich zu öffnen, mit anderen zu teilen, und in denen man erlebt hat, dass Leben einem auch etwas geben kann, das über das Erwartete hinausgeht. Wir fühlen uns dann ganz im Modus des Verbundenseins mit anderen Menschen und in einem Welterleben, das uns das Leben in seiner unerwarteten Fülle auch zeigt. Wir werden dadurch auch sensibilisiert auf die aktuellen Erfahrungen von Freude.

Man kann diese Freuden wieder reaktivieren, sie sind eine Ressource und sie können uns helfen, das Leben von zwei Seiten aus zu sehen. Das Erstellen einer Freudenbiographie ist in jedem Alter sinnvoll und ermöglicht es, das Leben »beidäugig« anzuschauen. Aspekte der Freudenbiographie sind aber besonders hilfreich in der therapeutischen Arbeit mit alten und sehr alten Menschen. Wenn Menschen zunächst wenig Zugang zur Freude haben, diese vielleicht sogar kindisch finden, kann man nach Situationen im Leben fragen, die freudigen Stolz ausgelöst haben. Solche Situationen kann man sich auch mehrmals erzählen lassen – das machen alte Menschen meist gerne. Beim Erzählen wird dann die damit verbundene Emotion, die stolze Freude bzw. der freudige Stolz, erlebbar. In der Regel werden dann weitere Situationen erinnert – die Biographie vom freudigen Stolz wird rekonstruiert oder konstruiert.

Lebensrückblickstherapie und Freudenbiographie

Geht es bei der Therapie mit älteren Menschen darum, ein nicht bewältigtes Thema aufzuarbeiten und sich mit Aspekten des eigenen Lebens zu versöhnen, ist die Freudenbiographie besonders wichtig. Sie stärkt das Selbstwertgefühl und bewirkt, dass quälende Erinnerungen in einer freudigeren Grundstimmung abgerufen werden können Sie bewirkt vor allem aber auch, dass neben den quälenden Erinnerungen auch gute bestehen können. Das ist therapeutisch schon ein Riesenschritt.

Eine Lebensrückblickstherapie (Butler 1963) wird erleichtert durch das Erstellen einer Freudenbiographie:

Ein 82-jähriger Mann ist mit seinem Leben nicht ganz einverstanden. »*Einiges lässt mich einfach nicht los!*« *sagt er. Er will einmal* »*schauen*«, *ob ihm Psychotherapie helfen könne.*

Besonders quält ihn, dass er mit 17 seine damalige Freundin geschwängert und sie dann gezwungen hatte, das Kind zur Adoption zu geben. »*Ich habe sie gezwungen, das Kind weg zu geben. Sie wusste auch keinen besseren Weg. Aber sie wollte dann mit mir nichts mehr zu tun haben. Ich habe dann die falsche Frau geheiratet – sie war schon recht – aber eben doch nicht die Richtige, diese erste Freundin wäre die Richtige gewesen. Hätte ich doch bloß nicht ... Und jetzt muss ich immer daran denken. Es hätte doch einen anderen Weg gegeben, wie konnte ich nur ...*«

Dieser Mann ist 1920 geboren, er hat einen Beruf erlernt, er war ein guter Mann im Beruf – Stolz blitzt auf. Er hat eine Firma aufgebaut – ein Sohn führt sie weiter. 1947 hat er geheiratet, seine Kinder kamen 1948 und 1952 zur Welt. »*Es ist dann alles gut gelaufen, aber ich muss immer an mein erstes Kind denken.*«

Wir rekonstruieren die Freudenbiographie. Er findet das ein wenig sonderbar, aber ist damit einverstanden, wenn ich meine, dass es helfe.

Als Schulkind sieht er sich beim Stehlen von Äpfeln – er erzählt davon mit leuchtenden Augen. Das Wichtige daran war: Er wurde nicht erwischt. Eine andere Erinnerung: »*Ich bin in den Wald gegangen, habe trockenes Holz für uns aber auch für Nachbarn gesucht. Ich sehe mich noch genau vor mir: kurze Hosen, zerrissenes Hemd, verschwitzt, sehr vital und kräftig. Ja so war ich. Ich wurde dann gelobt, ich war stolz, ich habe mich gefreut. Daran habe ich nie mehr gedacht – das tut richtig gut.*« *Dann fiel ihm weiter ein:* »*Ich konnte unheimlich schnell rennen – ich bin vergleichsweise heute noch rasch auf den Beinen … Vital war ich schon immer.*«

»*Im Alter von 16/17 Jahren – auf diese Zeit fokussierte ich nun auch beim Nacherleben von freudigen Situationen, da dort ja das Problem ist, das ihm* »*nicht aus dem Kopfe geht*« *– da war ich in der Lehre. Ich war tüchtig, hatte einen guten Kopf, sah aber auch nicht schlecht aus. Ich gefiel den Mädchen, und das machte mir schon große Freude. Und stolz war ich auch. Sogar jetzt, wenn ich daran denke, freut es mich noch im Nachhinein. Ich hatte Mumm, ich war mutig. Die Kollegen haben mich auch gemocht, ziemlich.*«

Und dann erzählt er, wie eine Welt für ihn zusammenbrach, als er von der Schwangerschaft hörte. »*Da hatte ich nur noch Angst, ich war alles andere als souverän, und das Mädchen hatte auch so eine Angst. Diese Schande! Wäre es rausgekommen, ich wäre aus der Lehre geflogen! Und dann kein Geld! Und die Eltern! Aber von heute aus betrachtet, wäre es doch möglich gewesen, zu heiraten und das Kind zu behalten.*«

Ich weise darauf hin, dass dieses damalige, existentiell so belastende Problem nicht von heute aus zu betrachten sei. So viele Jahre später sei man immer klüger. Es müsste aus der damaligen Situation betrachtet werden, die er gerade so aussichtslos geschildert hatte.

Er kann dann sagen: »*Wir hätten es nie gekonnt – damals. Wenigstens haben wir nicht abgetrieben, aber auch das nur nicht, weil wir nicht wussten, wie wir das ohne Geld hätten machen können*«. *Immer stellte er sich die beiden 17-Jährigen vor, ihre Freude, ihre Vitalität und ihren Übermut, denn dass sie* »*es*« *gemacht hatten, das war doch purer Übermut gewesen – und dann die Schwangerschaft, die Schuld!*

Nach und nach konnte er verstehen, dass sie nicht anders handeln konnten, dass es vielleicht unter den Umständen sogar die beste Lösung gewesen war. Er konnte auch akzeptieren, dass seine Freundin keinen Kontakt mehr mit ihm haben wollte. Sie war weggezogen in eine weit entfernte Stadt.

Beiläufig erzählt er mir dann, er habe sich 40 Jahre lang in verschiedenen Gremien für Pflegekinder eingesetzt. Diese Arbeit kann er nun als Wiedergutmachung verstehen.

Bei Lebensrückblickstherapien geht es meist darum, schuldbeladene Situationen mit sich selbst mitfühlender zu betrachten und zu verstehen. Man kann diese bedauern, aber nicht mehr verändern. Empathie mit sich selber gelingt besser, wenn die Freudenbiographie auch angeschaut wird und wenn der Kontakt mit sich als einem Menschen, der auch Freude hatte und freudigen Stolz erlebte, in der Erinnerung erlebbar wird. Das Selbstwertgefühl wird so besser, die Menschen fühlen sich lebendiger, beschwingter und sehen auch andere, gute Aspekte ihres Lebens. Sie können dann Verfehlungen, oder was sie für Verfehlungen halten, auch gut sein lassen, und diese als wichtigen Knotenpunkt ihrer Biographie verst.

In der Berliner Altersstudie wurde nachgewiesen (Staudinger et al. 1999, 330), dass das Erleben von positiven Emotionen mit der Zufriedenheit im Alter hoch korreliert und positive Gefühle als protektiver Faktor im hohen Alter verstanden werden kann. Das Erstellen einer Freudenbiographie, was auch im Alltag ansatzweise möglich ist, kann zur Zufriedenheit im Alter beitragen.

Literatur

Butler RN (1963) The life-review: an interpretation of reminiscence in the aged. Psychiatry 26: 65–76.

Kast V (1999) Trauern. Phasen und Chancen des psychischen Prozesses. 2. Aufl. 2005. Stuttgart (Kreuz).

Kast V (1991) Freude, Inspiration, Hoffnung. Olten (Walter).

Kast V (2003) Trotz allem Ich. Gefühle des Selbstwerts und die Erfahrung von Identität. Freiburg (Herder).

Kast V (2005) Wenn wir uns versöhnen. Stuttgart (Kreuz).

Kast V (2006) Mit Verena Kast die Lebensfreude einladen. Freiburg (Herder Spektrum).

Kotre J (1996) Weisse Handschuhe. Wie das Gedächtnis Lebensgeschichte schreibt. München (Hanser).

Markowitsch HJ (2002) Dem Gedächtnis auf der Spur. Vom Erinnern und Vergessen. Darmstadt (Primus).

Schacter DL (1996) Wir sind Erinnerung. Gedächtnis und Persönlichkeit. Rowohlt. 2. Aufl. 2001. Reinbek (Rowohlt).

Staudinger U et al. (1999) Selbst, Persönlichkeit und Lebensgestaltung im Alter: Psychologische Widerstandsfähigkeit und Vulnerabilität. In: Maier KU, Baltes PB (Hg) Die Berliner Altersstudie. Berlin (Akademie-Verlag) 321–350.

Tulving E (1993) Self knowledge of an amnesic individual is represented abstractly. In: Scrull TK, Wyer RS (ed) The mental representation of trait and autobiographical knowledge about the self. Hillsdale NJ (Erlbaum) 127.

Korrespondenzadresse:
Prof. Dr. phil. Verena Kast
Hompelistrasse 22
CH 9008 St. Gallen
Email: *kast@swissonline.ch*

»Nicht weinen Johannachen, das mag ich ja gar nicht sehen.« Zum Umgang mit weinenden alten Menschen in der Altenpflege aus diskursanalytischer und diskursethischer Perspektive

Frank Arens (Oldenburg)

Zusammenfassung

Im Rahmen des qualitativ ausgerichteten Forschungsprojekts »Pflegekommunikation« wurden Handlungssituationen zwischen Pflegenden und weinenden alten Menschen in der Altenpflege beobachtet und vor dem Hintergrund der Theorie kommunikativen Handelns und des Ansatzes zum Umgang mit Emotionen in der Interaktion analysiert. Es sind insbesondere die Situationen einer genaueren Analyse unterzogen worden, in denen alte Menschen geweint haben. Als Fazit der Untersuchung lässt sich feststellen, dass Pflegende häufig nicht direkt auf weinende alte Menschen eingehen, sondern diese ignorieren bzw. nicht angemessen darauf reagieren. Der Umgang mit Emotionen entspricht dabei selten den Bedürfnislagen alter Menschen.

Stichworte: Pflegeforschung, Altenpflege, Weinen, Pflegekommunikation

Abstract: »Don't cry Johannachen, I don't want to see this at all.« Caring for Crying Old People in Nursing Homes

Within this qualitative ethnological research project »nursing communication« practical situations between nurses and nursing home residents were observed. The basis of this analysis was the critical theory and the approach dealing with emotions in interaction. In this paper we took a closer look at situations in which eldery people cried. In these practical situations the nurses often ignored the crying residents, i.e. did not react appropriately. The way the nurses dealt with the elderly's emotions seldom corresponded to the needs of the elderly.

Keywords: nursing research, old people, crying, nursing communication

Einleitung

Emotionen finden in der Diskussion von Pflegewissenschaft und Gerontologie ein zunehmendes Interesse. Dieses Interesse resultiert aus der Erkenntnis, dass die emotionalen Bedürfnisse alter Menschen in Einrichtungen der ambulanten und stationären Altenpflege bislang von den dort Beschäftigten nicht ausreichend wahrgenommen und angemessen berücksichtigt werden. In diesem Beitrag wird das Augenmerk auf den kommunikativen Umgang von Pflegenden mit weinenden alten Menschen gelegt und der Frage nachgegangen, wie Pflegende mit weinenden alten Menschen in pflegerischen Handlungssituationen umgehen.[1] Diese werden vor dem Hintergrund der diskursanalytischen Überlegungen von Fiehler (1987, 1990) und der diskursethischen Untersuchungen von Habermas (2001) reflektiert und in ihrer Relevanz für pflegerisches Handeln mit alten Menschen näher beschrieben.

I. Theoretischer und methodischer Bezugsrahmen

Die Analyse der untersuchten pflegerischen Handlungssituationen erfolgt vor dem Hintergrund der Theorie kommunikativen Handelns (Habermas 2001), da Kommunikation die Komponente ist, mit der pflegerisches Handeln am meisten verbunden ist und Interaktion als Handeln unter Berücksichtigung von Kommunikation konzeptualisiert wird.

Kommunikationsbegriff

Die alltägliche Kommunikation wird durch Verständigung der Interaktionsteilnehmer auf Basis von Rationalität konzeptualisiert. »Verständigung gilt

1 Dieser Beitrag basiert auf empirischem Material und methodologischen Grundlagen, die im Rahmen des Projekts »Entwicklung eines Interventionsmodells zur Verbesserung der kommunikativen Kompetenz von Pflegenden und Gepflegten – Kurztitel: Pflegekommunikation« erhoben bzw. entwickelt wurden. Das vom 01.07.1998 bis 31.12.2003 an der Universität Osnabrück beim Fachgebiet Pflegewissenschaft laufende Projekt wurde von der Carl Gustav Carus Stiftung für psychosomatische Forschung, Zürich, und der Robert Bosch Stiftung, Stuttgart, gefördert und von PD Dr. Jutta Dornheim geleitet (Arens 2005, Dornheim et al. 2003).

als ein Prozess der Einigung« (Habermas 2001a: 386), wobei diese Verständigung auf einem unter den Beteiligten erzielten, rational motivierten Einverständnis beruht. Habermas (2001a) entwickelt vier Handlungstypen, von denen das kommunikative Handeln von Interesse ist. Das kommunikative Handeln »bezieht sich auf die Interaktion von mindestens zwei sprach- und handlungsfähigen Subjekten, die (sei es mit verbalen oder extraverbalen Mitteln) eine interpersonale Beziehung eingehen. Die Aktoren (die Handelnden)-suchen eine Verständigung über Handlungssituationen, um ihre Handlungspläne und damit ihre Handlungen einvernehmlich zu koordinieren« (Habermas 2001a, 128). Handeln wird als die Bewältigung von Situationen verstanden, wobei kommunikatives Handeln in der Situationsbewältigung den *teleologischen und den kommunikativen Aspekt* fokussiert. Die Verwirklichung von Zwecken und die kommunikative Auslegung stellen die Voraussetzung für den Erfolg der Situationsbewältigung dar. Wird keine Verständigung erzielt, so ist Erfolg auf dem Weg kommunikativen Handelns nicht möglich (Habermas 2001b). Wesentlich im kommunikativen Handeln ist das Aushandeln konsensfähiger Situationsdefinitionen, wobei die Sprache eine prominente Stellung einnimmt. Daneben können auch »äquivalente nicht-verbale Äußerungen« (Habermas 2001a, 376), also nonverbale und paraverbale Äußerungen, zu kommunikativen Akten gehören, die eine Handlungskoordinierung übernehmen können (Arens 2003).

Alte, psychisch kranke Menschen, z.B. Menschen mit Demenz, können nicht immer als vollständig »sprach- und handlungsfähig« betrachtet werden. Äquivalente nicht-verbale Äußerungen können dann für die Verständigung mit Menschen mit Demenz bedeutsam werden (Arens 2006).

Menschliche Handlungen folgen nicht ausschließlich rational motiviertem Einverständnis, sie sind in besonderem Maße auch emotional motiviert (Demmerling 1995). Dies bedeutet, dass nicht nur rational begründete Verständigung und Einigung handlungsleitend ist, sondern auch emotionale Aspekte bei der Handlungskoordinierung eine prominente Stellung einnehmen, wie z.B. Gefühle des Wohlwollens und der Solidarität. Bei der Verwirklichung eines Handlungsziels, z.B. bei der Gabe eines Arzneimittels, wird die rational motivierte Handlungskoordinierung somit um eine emotionstheoretische Perspektive ergänzt (Arens 2005).

Lebenswelt

Habermas (2001) hat eine Lebensweltkonzeption entworfen, die in ihrer Relevanz für pflegerisches Handeln mit alten Menschen skizziert wird. Lebenswelt wird von Habermas (2001b) als ein kulturell überlieferter und sprachlich organisierter Vorrat an Deutungs-, Wert- und Ausdrucksmustern verstanden. Sprache und Kultur sind für Lebenswelt konstitutiv. Dies bedeutet, dass die Kommunikationsteilnehmer Sprache und Kultur als unhinterfragt voraussetzen und mit den gespeicherten kulturellen Inhalten, den Deutungs-, Wert- und Ausdrucksmustern, ein gemeinsamer Wissensvorrat zur Verfügung steht, der es den Beteiligten ermöglicht, in jeder Handlungssituation darauf zurückzugreifen und damit die Handlungssituation zu bewältigen. »In der kommunikativen Alltagspraxis gibt es keine schlechthin unbekannte Situation. Auch neue Situationen tauchen aus einer Lebenswelt auf, die aus einem immer schon vertrauten kulturellen Wissensvorrat aufgebaut ist« (Habermas 2001b, 191). Als Deutungsmuster werden Sichtweisen und Interpretationen von Mitgliedern einer sozialen Gruppe bezeichnet, die diese zur Bewältigung von Handlungs- und Interaktionssituationen entwickelt haben. Wertmuster werden als Normen begriffen, die den Deutungen zugrunde liegen. Die Wertmuster verschaffen sich Ausdruck, z.B. in Form von Gesetzen. Aufforderungen oder Handlungen werden als Ausdrucksmuster verstanden.

Um die Lebensweltkonzeption für pflegerisches Handeln fruchtbar zu machen, muss auf diskursanalytische Untersuchungen zur Arzt-Patienten-Kommunikation zurückgegriffen werden (Fiehler 1990), da bislang noch keine pflegewissenschaftlichen Untersuchungen zur Pflegekommunikation auf Basis der Theorie kommunikativen Handelns bekannt sind.

Anteilnahmemuster:
zum Umgang mit Emotionen in der Lebenswelt

Der Umgang mit Emotionen in der Lebenswelt findet in Form des Anteilnahmemusters statt. Bei der Beschreibung dieses Musters werden die Begriffe Emotionen und Erleben synonym verwendet (Fiehler 1987). Das Anteilnahmemuster besteht aus Aktivitäten zur Vorbereitung der Benennung deutlich negativen oder positiven Erlebens, z.B. »Ich habe Schmerzen«, oder zur Beschreibung, z.B. »Ich bin völlig verzweifelt«. Nach der Vorbereitung folgt die Bekundung der Anteilnahme und die Bestätigung, z.B. »das ist ja furchtbar«, »Was?«, »Nein!!«. Der Bestätigung schließt sich die Bekundung der Berechtigtheit des benannten Erlebens an, z.B. »Du siehst auch wirklich schlecht aus «, »Das ist auch wirklich ein harter Schlag«. Mitleidsbekundung bzw. Bekundung des (empathischen) Mitempfindens, z.B. »Ich weiß, wie es jetzt in Dir aussehen muss« oder in Form der Bekundung des eigenen Erlebens, z.B. »Das freut mich aber unheimlich«, sind die nächsten Schritte des Anteilnahmemusters. Die Erkundung des Sachverhalts und des Erlebens nach Art, Intensität und Ursache kommt dann, z.B. »Mir ist schon länger aufgefallen, dass Du schlecht aussiehst« oder »Warum geht es Dir denn so schlecht«. Trösten und Ratschläge können dann bei negativem Erleben folgen. Die Würdigung der Anteilnahme durch die betroffene Person, z.B. »Jetzt geht es mir schon viel besser« und Aktivitäten der Rückführung oder Überleitung, z.B. »Es wird schon wieder werden«, bilden den Abschluss des Anteilnahmemusters (Fiehler 1990).

Das Behandlungsmuster in der institutionellen Welt des Gesundheitssystems erfolgt bei Beschwerden und Leiden dagegen nach Fiehler (1990) in Form der Problemerkundung (Anamnese), der Kategorisierung des Problems (Diagnose) und dem Angebot zur Problemlösung (Therapie). Dieses Muster löst jedoch häufig bei kranken und alten Patienten das Gefühl aus, nicht angemessen vom Arzt betreut und ggf. sogar missverstanden zu werden (Fiehler 1990). Dieses Behandlungsmuster sollte für das pflegerische Handeln nicht berücksichtigt werden, vielmehr sollte hier das lebensweltliche Anteilnahmemuster Anwendung finden.

Datenmaterial

Im Rahmen der vorliegenden Untersuchung werden Beobachtungsprotokolle aus dem Projekt »Pflegekommunikation« analysiert. Es handelt sich dabei um Protokolle, die im Rahmen teilnehmender Beobachtungen auf drei klinischen Stationen, in fünf Wohnbereichen in zwei stationären Altenpflegeeinrichtungen und in zwei Pflegegruppen eines ambulanten Pflegedienstes erhoben wurden. Das für diese Arbeit analysierte Material beinhaltet fünfzehn Beobachtungsprotokolle (Kliniken sieben, Altenpflege fünf, ambulante Pflege drei), die jeweils an zwei bis dreizehn Beobachtungstagen von insgesamt elf BeobachterInnen erstellt wurden. Zum Zeitpunkt der Datenerhebung verfügten zehn BeobachterInnen über eine Ausbildung in einem Pflegeberuf sowie zum Teil über ein abgeschlossenes Pflegestudium. Auch LehramtsstudentInnen der Pflege- bzw. Gesundheitswissenschaften nahmen daran teil. Die BeobachterInnen wurden im Vorfeld der Beobachtungen in einem Seminar mit der Forschungsmethode der »teilnehmenden Beobachtung« intensiv vertraut gemacht (Dornheim et al. 2003). Es stehen für diese Untersuchung 1112 Seiten Beobachtungsmaterial aus ca. 460 Beobachtungsstunden zur Verfügung (ausführlicher Arens 2005).

Auswertungsmethode

Als Auswertungsmethode findet die qualitative Inhaltsanalyse, speziell die Strukturierung Anwendung (Mayring 1999). Die Strukturierung hat zum Ziel, »bestimmte Aspekte aus dem Material herauszufiltern, unter vorher festgelegten Ordnungskriterien einen Querschnitt durch das Material zu legen oder das Material aufgrund bestimmter Kriterien einzuschätzen« (Mayring 1999, 92). Von den vier möglichen Analyseformen wurde die typisierende Strukturierung gewählt.

Um die Richtung der Analyse zu konkretisieren, müssen die Typisierungsdimensionen benannt werden, die sich aus dem theoretischen Bezugsrahmen und dem Material ergeben. »Typisierungsdimension meint die inhaltliche Festlegung, über welche Materialbestandteile typisiert werden soll« (Mayring 1999, 106).

Hier wurde die Typisierungsdimension ›Umgang mit Emotionen‹ festgelegt, da den Emotionen in pflegerischen Handlungssituationen bislang nicht ausreichend Aufmerksamkeit geschenkt wurde. Es wurden alle Protokolle nach pflegerischen Handlungssituationen untersucht, in denen es irgendwie um Emotionen ging. Die Typisierungsdimension wurde im weiteren Verlauf in Kategorien gegliedert, mit dem das Datenmaterial analysiert wurde. Es wurden aus diskursanalytischer Sicht die Kategorien ›Thematisierung‹, ›Ausdruck‹, ›Deutung‹ und ›Prävention‹ identifiziert und deren Ausprägungen mit Ankerbeispielen beschrieben. Ausprägungen sind weitere Feingliederungen einer Kategorie. Ausprägungen können besonders extrem auftreten, von besonderem theoretischen Interesse sein oder besonders häufig vorkommen. Die Namen der Pflegenden und der Pflegebedürftigen sind anonymisiert.

II. Darstellung und Diskussion der Ergebnisse

In diesem Beitrag soll das *Weinen* aus der Kategorie ›Ausdruck von Emotionen‹ beschrieben und diskutiert werden. Der Ausdruck von Emotionen ist nicht an Verbalisierungen gebunden, kann jedoch eine Verbalisierung begleiten, so dass eine Emotion zum Ausdruck gebracht werden kann, ohne das Erleben notwendigerweise zu thematisieren (Fiehler 1990).

Ausprägung »Nicht weinen, das mag ich ja gar nicht sehen.«

Diese Handlungssituation ist an einem Sommerabend in einem Heim in Norddeutschland gegen 19.00 Uhr beobachtet worden. Frau Bierbaum ist 84 Jahre, hat laut Pflegedokumentation einen ischämischen cerebralen Insult mit einer schlaffen Hemiparese links und einer Aphasie. Außerdem liegt ein Zustand nach Oberschenkelhalsfraktur sowie eine Herzinsuffizienz vor. Sie hat eine PEG-Sonde und gilt unter den Pflegenden als »*desorientiert*«. Die Altenpflegehelferin (APH) Elfriede arbeitet seit zwei Jahren in dem Heim und ist seit zwei Monaten in dem Wohnbereich tätig.

APH Elfriede geht zu Frau Bierbaum, die bereits halb schlafend in ihrem Kippstuhl sitzt und fragt: »Geh'n wir nun in die Heia?« Frau Bierbaum öffnet die Augen, schaut zu ihr hoch und nickt. APH Elfriede beugt sich ihrerseits zu Frau Bierbaum herunter, gibt ihr einen Kuss auf eine Wange und schiebt sie dann in ihrem Stuhl hinaus auf den Flur und weiter bis in ihr Zimmer.

APH Elfriede platziert Frau Bierbaum in ihrem Stuhl parallel zu ihrem Bett. Sie beginnt Frau Bierbaum den Pullover auszuziehen, gleichzeitig spricht sie zu ihr: »Jetzt plättert Elfriede Dich aus – möchtest Du schlafen gehen Johanna?« Frau Bierbaum schaut APH Elfriede an, greift ihren Arm und fängt an zu weinen. APH Elfriede: »Nicht weinen Johannachen, das mag ich ja gar nicht sehen. Du warst doch so gut zufrieden?« Frau Bierbaum weint nun etwas stärker, schaut APH Elfriede dabei an. APH Elfriede: »Nicht weinen Johannachen, ist doch alles in Ordnung. Nicht weinen. Was meinste – willste das morgen noch mal anziehen? Kein Fleckchen drauf« (zeigt ihr den Pullover).

APH Elfriede greift sich das Nachthemd von Frau Bierbaum und beginnt ihr das Unterhemd auszuziehen und das Nachthemd anzuziehen: »Hopsasa, fein hast Du mitgeholfen.« APH *Elfriede zieht ihr einen Pantoffel aus und sagt dabei:* »Einmal«, *dann zieht sie ihr den zweiten Pantoffel aus und sagt:* »zweimal.«

Sie schaut auf das Gesicht von Frau Bierbaum und sieht, dass etwas Sekret aus ihrer Nase läuft. APH *Elfriede:* »Kriegst Du n' Schnupfen? *Elfriede macht gleich die Nase sauber. Hast Du kalte Füße? Soll Elfriede Dir Strümpfe für die Nacht anziehen?«*

APH *Elfriede schaut Frau Bierbaum dabei an. Dann fordert Sie Frau Bierbaum auf:* »Sag mal doch, doch, doch oder nein, nein, nein.«

Frau Bierbaum sagt nichts. APH *Elfriede hebt Frau Bierbaum ohne fremde Hilfe aus dem Kippstuhl ins Bett und dreht sie auf die Seite. Sie möchte ihr das Gesäß pflegerisch versorgen. Sie schiebt den Schlüpfer herunter und cremt das Gesäß ein. Anschließend sagt sie:* »So mein Schatz, jetzt dreh' Dich mal wieder rum.«

APH *Elfriede möchte Frau Bierbaum, nachdem sie in die Rückenlage gebracht wurde, ihre Augentropfen geben. Frau Bierbaum scheint die Augen geschlossen zu halten, denn* APH *Elfriede fordert sie auf:* »Mach es auf Johannachen, sei lieb.«

Frau Bierbaum reagiert auf diese Aufforderung nicht, hält weiterhin die Augen geschlossen.

APH *Elfriede wendet sich schließlich ab und verabschiedet sich zunächst von Frau Bierbaum mit den Worten:* »Dann eben nicht – versuchen wir es später noch mal.«

Sie geht hinaus und kommt nach einigen Minuten mit einer Kanne Tee wieder. Sie füllt den Sondenbeutel mit dem Tee und schließt ihn an die PEG *Sonde an. Sie kommentiert diese Handlung nicht, klärt Frau Bierbaum jedoch darüber auf, dass sie ihr die Bettgitter zur Nachtruhe hochschiebt:* »So, Johannachen, meine Süße, Elfriede macht das Körbchen noch n' bisschen höher ne'?«

Schließlich umarmt sie Frau Bierbaum noch einmal und gibt ihr einen Kuss auf die Wange. Frau Bierbaum weint. APH *Elfriede beendet die Umarmung und wendet sich mit folgenden Worten der Tür zu:* »Tschüss Johannachen, bis morgen und schlaf schön.« *Sie schaltet die Deckenbeleuchtung des Zimmers aus und geht hinaus (Protokoll Hanne Niemann, S. 126–129).*

Es sollen anhand dieser Handlungssituation zwei Aspekte näher betrachtet werden, die für die Situationsbewältigung von Interesse sind. Es handelt sich dabei zum einen um den Körperkontakt, die Anrede von APH Elfriede und das Weinen von Frau Bierbaum (kommunikativer Aspekt). Zum anderen handelt es sich um die Augentropfen, die nicht verabreicht werden können (teleologischer Aspekt).

APH Elfriede spricht Frau Bierbaum an und fragt, ob sie ins Bett möchte. Das zustimmende Nicken von Frau Bierbaum entspricht einer nonverbalen Antwort auf die Frage von APH Elfriede. Nach der Antwort erhält Frau Bierbaum von APH Elfriede einen Kuss auf die Wange. Nachdem Frau Bierbaum im Zimmer angekommen ist, blickt sie APH Elfriede an, greift ihren Arm und fängt an zu weinen. Warum Frau Bierbaum weint, kann nicht gesagt werden. Sie weint dabei jedoch nicht einfach in den Raum hinein, sondern sie ›spricht‹ APH Elfriede durch den Blick- und insbesondere durch den Körperkontakt direkt an. Die Reaktion von APH Elfriede auf das Weinen deutet Hilflosigkeit an. Sie spricht Frau Bierbaum mit Vornamen an, der darüber hinaus noch verniedlicht wird und thematisiert ihre eigene Emotion, indem sie bemerkt, dass sie das Weinen gar nicht gerne sehe. Zudem deutet sie das vorangegangene Verhalten von Frau Bierbaum als Wohlbefinden, wodurch das Weinen in dieser Situation für die Pflegerin unverständlich erscheint. Mehrfach versucht sie nun Frau Bierbaum zum »Nicht-Weinen« aufzufordern. Nachdem dies nicht gelingt, verfolgt sie einen anderen Weg, den der Ablenkung. Frau Bierbaum wird nun für die Mitarbeit beim Auskleiden gelobt. Nachdem Sekret aus der Nase läuft, wird dies von APH Elfriede mit der Frage nach einem möglichen Schnupfen beantwortet. Sie stellt hier nach dem Behandlungsmuster eine mögliche Diagnose und der Sekretfluss wird nicht als Reaktion auf das Weinen verbalisiert, wobei nicht gesagt werden, ob APH Elfriede eine Verbindung zwischen Weinen und dem anschließenden Sekretfluss sieht. Auffällig ist, wie nun durch das Angebot Strümpfe anzuziehen eine Ersatzhandlung angeboten wird. Es ist in sofern eine Ersatzhandlung, da APH Elfriede nicht auf das Weinen mit Trost bzw. Nachfrage reagiert, sondern die vermeintlich kalten Füße mit Strümpfen bekleidet, um einen Schnupfen zu vermeiden. APH Elfriede fällt es dann schwer, Frau Bierbaum die Augentropfen zu geben, da diese die Augen nicht öffnet. Ob dieses Verhalten als Reaktion auf den ausbleibenden Trost zu betrachten ist, kann an dieser Stelle nur vermutet werden. Es bleibt der Pflegenden nichts anderes übrig, als später einen neuen Versuch zu unternehmen. Zum Abschluss der Handlungssituation wird Frau Bierbaum nochmals von APH Elfriede umarmt und geküsst. Frau Bierbaum weint wieder.

Das Verhalten von Aph Elfriede bleibt unverständlich. So ist es für sie offensichtlich kein Problem, die Pflegebedürftige zu umarmen und zu küssen, aber es gelingt ihr nicht, auf das Weinen mit Trost welcher Art auch immer einzugehen. Es kann vermutet werden, dass ein Eingehen auf das Weinen dazu beigetragen hätte, dass die Augentropfen hätten appliziert werden können.

Aufgrund der fehlenden kommunikativen Berücksichtigung der Gefühle von Frau Bierbaum ist es nicht gelungen, das Handlungsziel, die Applikation von Augentropfen, zu verfolgen. Darüber hinaus zeugt das Verhalten der Pflegenden von wenig Solidarität mit Frau Bierbaum (Demmerling 1995).

Ausprägung »Warum weinst Du denn?«

An einem Sommernachmittag etwa gegen 16.50 Uhr möchte Ph Kasia eine Heimbewohnerin lagern. Pflegehelferin (Ph) Kasia ist 41 Jahre und arbeitet seit 15 Jahren in diesem Heim. Sie verfügt über keine Ausbildung in einem Pflegeberuf. Im gleichen Zimmer wohnt die 91-jährige Frau Stolzenburg. Sie leidet unter einer Psychose, einer senilen Demenz und am grauen Star beider Augen. Sie lebt bereits seit sieben Jahren im Heim.

Ph Kasia kommt ins Zimmer. Vorne an der Tür befindet sich Frau Stolzenburg halbsitzend in ihrem Bett und weint. Ph Kasia geht zu Frau Stolzenburg und erkundigt sich, was der Grund für das Weinen ist. Frau Stolzenburg erzählt, dass sie ganz alleine im Zimmer ist. Sie mag die Einsamkeit überhaupt nicht. Ph Kasia: »Aber wir sind doch jetzt bei Dir. Jetzt bist Du nicht mehr allein im Zimmer.«

Ph Kasia geht zur Mitbewohnerin, die gelagert werden muss und lagert sie, ohne auch nur ein Wort mit ihr zu reden. Sie versucht auch nicht eine andere Art von Kommunikation herzustellen. Jedoch beantwortet sie während des Lagerns eine Frage von Frau Stolzenburg.

Ph Kasia geht anschließend wieder zu Frau Stolzenburg und erkundigt sich, was sie zum Abendessen haben möchte. Frau Stolzenburg möchte eine Suppe. Ph Kasia sagt: »Gut, Katharina, ist in Ordnung, ich hol sie Dir gleich. Ich komme gleich wieder.« Dies war gegen 16.50 Uhr.

Ph Kasia geht erst zu einer anderen Mitbewohnerin und verabreicht ihr das Essen. Danach bringt sie diese Mitbewohnerin noch zurück ins Bett. Um 17.30 Uhr verlässt die Beobachterin den Wohnbereich. Ph Kasia war noch nicht bei Frau Stolzenburg (Protokoll Gerda Groothus, S. 53).

Frau Stolzenburg weint und begründet dies mit Einsamkeit. Ausdrucksphänomene, wie z.b. das Weinen, können durchaus mit einer Erlebensthematisierung einhergehen (Fiehler 1990). Ph Kasia spendet in dieser Situation Minimaltrost, indem sie auf das Weinen und die Einsamkeitsäußerung eingeht: Frau Stolzenburg ist nicht mehr alleine im Zimmer, da die Pflegende und die Beobachterin nun anwesend sind. Jedoch beschäftigt sich Ph Kasia nicht weiter mit Frau Stolzenburg, sondern lagert die Mitbewohnerin. Die Pflegende geht weder nach dem lebensweltlichen Anteilnahme- noch nach dem Behandlungsmuster auf das Weinen der pflegebedürftigen Frau ein. Sie beruhigt sie kurz mit dem Hinweis: »Aber wir sind doch jetzt bei Dir. Jetzt bist Du nicht mehr allein im Zimmer.« Das Einsamkeitsgefühl von Frau Stolzenburg wird von der Pflegenden dabei nicht weiter verbalisiert.

Interessant ist, dass Frau Stolzenburg Einsamkeit thematisiert und sagt, alleine im Zimmer zu sein, obwohl ihre Mitbewohnerin im Zimmer anwesend ist. Möglicherweise wird die Mitbewohnerin aufgrund der Sehschwäche nicht von ihr wahrgenommen. Es kann daraus aber auch geschlossen werden, dass es ihr nicht nur um die Anwesenheit einer Person im Zimmer geht, sondern möglicherweise darum, Gesellbigkeit zu erfahren. Die Pflegende berücksichtigt die Einsamkeit von Frau Stolzenburg jedoch nicht und wirkt dem Einsamkeitsgefühl auch nicht entgegen.

Der Pflegenden ist es nicht gelungen, Wohlwollen und Solidarität für Frau Stolzenburg aufzubringen (Demmerling 1995). Aus diskursethischer Perspektive ist zu sagen, dass die Pflegende keine kommunikative Einigung mit Frau Stolzenburg erzielte, da es zu keiner einvernehmlichen Lösung in Bezug auf das Einsamkeitsgefühl gekommen ist. Denkbar wäre, Frau Stolzenburg anzubieten, im Speiseraum mit den anderen Bewohnerinnen und Bewohnern das Abendbrot einnehmen zu lassen. Hierdurch hätte dem Einsamkeitsgefühl von Frau Stolzenburg effektiv begegnet werden können, sofern die alte Dame das Angebot angenommen hätte.

Extremtyp der Ausprägung

Frau Georgi ist 75 Jahre und lebt in einem Pflegeheim in einer norddeutschen Großstadt. Sie kann ihre Bedürfnisse äußern, wobei sie sehr leise und oft unverständlich spricht. Häufig äußert sie sich nonverbal durch Handzeichen, indem sie zeigt, was sie möchte. Die Krankenpflegehelferin (Kph, einjährige Ausbildung) Natascha ist ca. 30 Jahre alt.

Frau Georgi wird von KPH *Natascha, die gerade zum Spätdienst kommt, in den Aufenthaltsraum gefahren. Frau Georgi zeigt auf ihren Sessel.* KPH *Natascha:* »Mmmmh« *und geht in den Umkleideraum. Frau Georgi winkt dem Beobachter zu und zeigt auf ihren Sessel. Der Beobachter sagt:* »Natascha wird Sie gleich in den Sessel setzen.« KPH *Natasch hat dies mitbekommen und geht zu Frau Georgi:* »So, Grete«, *fährt sie dabei vor den Sessel und setzt sie hinein.*

Frau Georgi fängt an zu weinen. KPH *Natascha:* »Warum weinst Du denn?« *entfernt sich dabei von Frau Georgi, um ein Glas Wasser zu holen. Sie gibt es Frau Georgi, ohne noch einmal auf ihre Frage einzugehen und verlässt gleich den Raum. Frau Georgi hört auf zu weinen. Sie hatte ihre linke Hand in den Mund gesteckt und sich, während sie weinte, darauf gebissen (Protokoll Frank Arens, S. 77–78).*

Warum Frau Georgi weint, kann nicht gesagt werden. Die Pflegende geht auf das Weinen ein, indem sie sich nach dem Grund des Weinens erkundigt, allerdings während sie sich von Frau Georgi abwendet und ihr ein Glas Wasser holt. Dieses Glas wird dann auf den Tisch gestellt, ohne nochmals auf das Weinen einzugehen. Obwohl sie nach dem Grund für das Weinen fragt, signalisiert sie durch ihr Weggehen Desinteresse an Frau Georgi und ihrem Weinen.

Dieses Verhalten kann als Hinweis auf ein mangelndes Gefühl der Solidarität verstanden werden. Aus diskursanalytischer Sicht erfolgt das Eingehen auf das Weinen weder nach dem Anteilnahme- noch nach dem Behandlungsmuster. Dass Frau Georgi sich während des Weinens auf die linke Hand gebissen hat, kann zum einen als Versuch betrachtet werden, die Emotion unter Kontrolle zu bringen, indem sie nicht laut weinen möchte. Zum anderen kann dies als große Not betrachtet werden, da Frau Georgi ihrem Weinen keinen freien Lauf lassen kann und keinen Trost erfährt.

Unter diskursethischer Perspektive stellt sich die Situation folgendermaßen dar: Die Pflegende kommt dem Wunsch von Frau Georgi nach, in den Sessel gesetzt zu werden (teleologischer Aspekt). Bemerkenswert ist die Situationsbewältigung, da Frau Georgi lediglich mit der Hand zum Sessel zeigt und der Beobachter dies als Wunsch deutet, in den Sessel gesetzt werden zu wollen (kommunikativer Aspekt). Die Pflegende scheint dies ebenfalls so zu interpretieren, da sie dem Wunsch von Frau Georgi entspricht und die Situationsdefinition des Beobachters nicht als falsch zurückweist. Die Pflegende hat eine positive kommunikative Situation mit Frau Georgi erzielt – wäre da nicht das plötzlich auftretende Weinen. Hier wird die Situation unverständlich. Für die Pflegende ist es selbstverständlich, Frau Georgi mit Vornamen und mit Du anzureden und somit eine persönliche Nähe aufzubauen, sie ist jedoch nicht in der Lage, auf das Weinen angemessen zu reagieren. Das Reichen eines Glas Wassers ist in dieser Situation kommunikativ schwer verständlich, möglicherweise kann es als eine ritualisierte Handlung verstanden werden, da man bei alten Menschen auf eine ausreichende Flüssigkeitsaufnahme achten muss. Denkbar wäre aber auch, dass es sich um eine Ersatzhandlung handelt, anstatt Trost zu spenden.

Diskussion

Der kommunikative Umgang mit weinenden alten Menschen muss als ungenügend bezeichnet werden. Die vorgestellten Handlungssituationen sind typisch für den Umgang mit weinenden alten Menschen. Es fanden sich in den Beobachtungsprotokollen keine Handlungssituationen, in denen die Pflegenden auf das Weinen der alten Menschen in den Altenpflegeeinrichtungen eingegangen sind. Dies bedeutet jedoch nicht, dass Pflegende grundsätzlich nicht mit Trost auf pflegebedürftige Menschen reagieren. Jedoch konnten wir Trostspenden in der Pflege von alten Menschen nicht beobachten. Der gezeigte Umgang mit weinenden alten Menschen ist auch nicht auf eine ungenügende Qualifikation der hier angeführten Pflegenden zurückzuführen, auch Pflegefachkräfte mit einer mehrjährigen Ausbildung zeigten ein distanzierendes Verhalten im Umgang mit weinenden alten Menschen.

Das Weinen wird zwar teilweise hinterfragt – bei Frau Stolzenburg erhält die Pflegende sogar einen Grund für das Weinen – jedoch gehen die Pflegenden nicht weiter auf das Weinen ein oder begegnen ihm angemessen z.B. mit Trost oder Vermeidung von Einsamkeit.

Auch nach anderen Untersuchungen werden die Bedürfnisse weinender alter Menschen wenig berücksichtigt. So finden sich bei Bosch (1998) vergleichbare Handlungssituationen, in denen Pflegende zum Teil bewusst nicht auf das Weinen der alten Menschen reagieren, da diese sehr schnell weinen und dann nur schwer zu beruhigen seien. Diese Verhaltensweisen der Pflegenden seien dann »im Pflegeplan abgesprochen« (Bosch 1998, 40). Das Ignorieren von weinenden alten Menschen ist danach nicht nur mit Distanzierungsstrategien zu erklären, sondern im Pflegeplan festgelegt und damit Teil geplanter Pflege! Diese Beobachtung kann jedoch nicht durch die Pflegepläne der von uns beobachteten alten Menschen belegt werden. Allerdings konstatiert auch Koch-Straube (2003, 255): »Die Mitarbeiter wissen oder ahnen, welche Gefühle hinter den Klagen der BewohnerInnen stecken könnten, jedoch wagen sie nicht, sie anzurühren«. Es entsteht eine Sachlichkeit im Umgang mit versteckt oder offen zutage tretenden Emotionen. Dabei konnte Tausch zeigen, dass »Gespräche mit verständnisvollen Mitmenschen [...] die häufigste hilfreiche Bewältigungsform bei mittleren und schweren seelischen Belastungen, unabhängig vom Alter der Helfenden und Belasteten, Art der Belastung und Dauer der Gespräche« darstellen (Tausch 2001, 41). Er fand in zahlreichen Untersuchungen ein übereinstimmendes Muster von hilfreichen Gesprächsmerkmalen:

– positive gefühlsmäßige Zuwendung, Wärme, aufrichtige Achtung;
– Zuhören, Mitfühlen, sensibles-einfühlsames Verstehen;
– Akzeptieren, nicht bewerten, keine Kritik, keine Beruhigung;
– Geordnet, klar, konkret; ruhig-entspannt, weitgehende Angstfreiheit ohne Distanzierung;
– Wenig Dirigierung des Gespräches, Zurückhaltung beim Reden; jedoch aktiv und hilfsbereit;
– Geben wichtiger Informationen und Aufzeigen neuer Sichtweisen.

»Gespräche, bei denen die Helfenden die obigen Merkmale nicht oder in negativer Ausprägung zeigten, wurden von den Belasteten als beeinträchtigend empfunden« (Tausch 2001, 42). Dies entspricht den Erkenntnissen von Fiehler (1990), wonach das sachliche Eingehen auf Emotionen nach dem Behandlungsmuster (Anamnese-Diagnose-Therapie) bei den betroffenen Menschen »als erlebensmäßig-emotional defizitär empfunden« wird (Fiehler 1990, 53).

Eine Pflege, die es als ihre Aufgabe betrachtet, distanziert mit Emotionsäußerungen der ihnen anvertrauten alten Menschen umzugehen, um z.B. nicht von den alten Menschen vereinnahmt zu werden (Koch-Straube 2003), entspricht wenig den tatsächlichen Bedürfnislagen der zum Teil in ihrer Sprachfähigkeit und Orientierung eingeschränkten alten Menschen. Vielmehr sollten Pflegende geschult und gestärkt werden, Gefühle von Wohlwollen und Solidarität mit alten Menschen zu zeigen und diese in ihrer täglichen Arbeit einzubringen (Arens 2007).

Literatur

Arens F (2007) Entwicklung emotionaler Kompetenz in der Pflegeausbildung – Konzepte und Methoden. Pr-InterNet Pflegepädagogik. Die Zeitschrift für Pflegewissenschaft. 9 (5): 293–303.

Arens F (2006) Kommunikation mit Bettlägerigen. In: Pflegen: Demenz. Zeitschrift für die professionelle Pflege von Menschen mit Demenz 1(1) 41–44.

Arens F (2005) Kommunikation zwischen Pflegenden und dementierenden alten Menschen. Eine qualitative Studie. Frankfurt am Main (Mabuse).

Arens F (2003) »Lebensweltlich-kommunikatives Handeln« – Ein Ansatz zur Situationsbewältigung zwischen Pflegenden und dementierenden alten Menschen? In: Pflege & Gesellschaft. Zeitschrift für Pflegewissenschaft 8(2): 68–73.

Bosch CFM (1998) Vertrautheit. Studie zur Lebenswelt dementierender alter Menschen. Berlin (Ullstein).

Demmerling C (1995) Vernunft, Gefühl und moralische Praxis. Überlegungen zur Kultur der praktischen Vernunft. In: Demmerling C, Gabriel G, Rentsch T (Hg) Vernunft und Lebenspraxis. Philosophische Studien zu den Bedingungen einer rationalen Kultur. Frankfurt am Main (Suhrkamp) 246–270.

Dornheim J, Busch J, Schulze U, Silberzahn-Jandt G (2003) Ein empirisch begründetes Bildungsmodell zur Förderung der kommunikativen Kompetenz in der Pflege. In: Pr-InterNet. Die Zeitschrift für Pflegewissenschaft. Pflegepädagogik 5(3): 108–123.

Fiehler R (1987): Zur Thematisierung von Erleben und Emotionen in der Interaktion. Zeitschrift für Germanistik 8(5): 559–572.

Fiehler R (1990) Erleben und Emotionalität als Problem der Arzt-Patienten-Interaktion. In: Ehlich K, Koerfer A, Redder A, Weingarten R (Hg) Medizinische und therapeutische Kommunikation – Diskursanalytische Untersuchungen. Opladen (Westdeutscher Verlag) 41–65.

Habermas J (2001a, 4. Aufl. 1995) Theorie kommunikativen Handelns. Bd. I Handlungsrationalität und gesellschaftliche Rationalisierung. Frankfurt am Main (Suhrkamp).

Habermas J (2001b, 4. Aufl. 1995) Theorie kommunikativen Handelns. Bd. II Zur Kritik funktionalistischer Vernunft. Frankfurt am Main (Suhrkamp).

Koch-Straube U (2003): Fremde Welt Pflegeheim. Eine ethnologische Studie. 2. korrig. Aufl. Bern (Huber).

Mayring P (1999): Einführung in die qualitative Sozialforschung. Eine Anleitung zu qualitativem Denken. 4. Aufl. Weinheim (Psychologie Verlags Union).

Tausch T (2001) Gespräche mit verständnisvollen Mitmenschen. Die Hauptbewältigungsform bei seelischen Belastungen In: Prävention. Zeitschrift für Gesundheitsförderung 24(2): 39–43.

Korrespondenzadresse:
Frank Arens, Dipl.-Pflegelehrer
Siegfriedstraße 9
26123 Oldenburg
Email: *fharens@web.de*

Ludwig Janus (Hg.)

Geboren im Krieg

Kindheitserfahrungen
im 2. Weltkrieg und
ihre Auswirkungen

edition ■ psychosozial

Hartmut Radebold (Hg.)

Kindheiten
im II. Weltkrieg
und ihre Folgen

PSYCHOSOZIAL-VERLAG

PSYCHE UND GESELLSCHAFT

2006 · 324 Seiten · Broschur
EUR (D) 28,– · SFr 49,–
ISBN 978-3-89806-567-2

2005 · 240 Seiten · Broschur
EUR (D) 19,90 · SFr 34,90
ISBN 978-3-89806-202-2

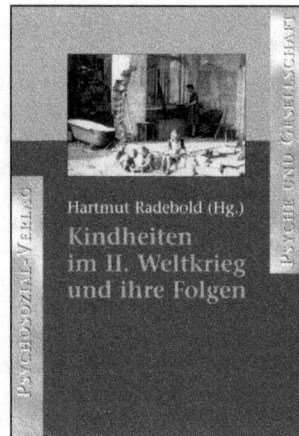

Die Erforschung von frühen traumatischen Belastungen in Kriegszeiten hat große Fortschritte gemacht und den Fokus auch auf deutsche Kindheiten im II. Weltkrieg gerichtet. Dieses Buch enthält Erlebnisberichte, bewegende Dokumente von Psychotherapeuten über die Erfahrungen aus ihrer eigenen Kriegskindheit und Beispiele aus psychotherapeutischen Behandlungen, Beispiele von künstlerischen und schriftstellerischen Verarbeitungen und repräsentative Forschungsberichte zu den Folgen von traumatischen Belastungen, Verlusten und Vaterlosigkeit.

Diese Zusammenstellung hilft, das durch Krieg verursachte Leid in einer erweiterten Dimension zu verstehen und bietet zudem Ansatzpunkte, die 68er Zeit und weitere gesellschaftliche Entwicklungen bis heute vor diesem Hintergrund neu zu interpretieren.

Nachdem sie lange geschwiegen und verdrängt hat, erinnert sich die Generation der über 60-Jährigen an ihre Kindheit im Krieg und die Folgen. Das, was ihr Leben so elementar bestimmte, wird erst heute wahrgenommen und diskutiert. Wegen der großen Nachfrage und des anhaltenden öffentlichen Interesses hat Hartmud Radebold die bereits vergriffene, gleichnamige Ausgabe der Zeitschrift psychosozial überarbeitet und erweitert. Mit dem daraus entstandenen Buch präsentiert er dieses aktuelle Thema gut aufbereitet einem breiteren Publikum.

P⊞V
Psychosozial-Verlag

Goethestr. 29 · 35390 Gießen · Tel. 0641/9716903 · Fax 77742
bestellung@psychosozial-verlag.de
www.psychosozial-verlag.de

Buchbesprechungen

Radebold H, Heuft G, Fooken I (Hg) (2006)
Kindheiten im Zweiten Weltkrieg.
Kriegserfahrungen und deren Folgen aus psychohistorischer Perspektive.
München (Juventa), 260 Seiten, 23.00 Euro.

Ewers HH, Mikota J, Reulecke J, Zinnecker J (Hg) (2006)
Erinnerungen an Kriegskindheiten.
Erfahrungsräume, Erinnerungskultur und Geschichtspolitik unter sozial- und kulturwissenschaftlicher Perspektive.
München (Juventa) 260 Seiten, 23.00 Euro.

Stambolis B, Jakob V (Hg) (2006)
Kriegskinder.
Zwischen Hitlerjugend und Nachkriegsalltag.
Fotografien von Walter Nies.
Münster (Agenda Verlag) 178 Seiten, 19,95 Euro.

Meinolf Peters (Marburg/Bad Hersfeld)

Erst neulich erreichte die im Spielfilmformat aufgearbeitete Fluchtbewegung aus Ostpreußen unter dem Titel ›Die Flucht‹ Rekordeinschaltquoten im deutschen Fernsehen. Der ehemalige Bundestagspräsident Thierse sah sich veranlasst, die Geschichtsoffenheit der Deutschen und ihre Bereitschaft, sich mit der eigenen dunklen Seite ihrer Vergangenheit auseinanderzusetzen, positiv hervorzuheben. Tatsächlich hat kaum ein anderes Thema in den vergangenen Jahren ein größeres Medieninteresse erfahren, als das Thema Krieg, Flucht und Vertreibung. Es handelt sich dabei keineswegs allein um eine mediale Inszenierung, vielmehr ist ein Bedürfnis wach geworden ist, das sich einen Weg in die Öffentlichkeit gebahnt hat, dies dürfte daran ersichtlich sein, dass das Thema zur gleichen Zeit in der psychotherapeutischen Arbeit mit älteren Menschen – besonders angeregt durch das wachrüttelnde Buch von Hartmut Radebold über die ›Abwesenden Väter‹ – und in wissenschaftlichen

Kreisen intensiv bearbeitet wird. Die Konvergenz dieser Entwicklungen macht die gesellschaftliche Tragweite des Themas deutlich. Es scheint ein individuelles und kollektives Bedürfnis zu sein mehr als 60 Jahre nach Kriegsende, das Erlebte noch einmal – oder erstmalig – durchzuarbeiten und zu verarbeiten. Eine Kulmination dieser Entwicklung stellte der internationale Kongress über die Folgen der Kriegskindheit in Deutschland aber auch international dar, der vor nahezu zwei Jahren in Frankfurt stattfand. Er wurde organisiert von der Arbeitsgruppe ›weltkrieg2kindheiten‹ und, zusammen mit zahlreichen namhaften Wissenschaftlern, maßgeblich von Hartmut Radebold initiiert. Die Brisanz des Themas wird jeder, der an dem Kongress teilgenommen hat, unmittelbar empfunden haben, kam es doch zu einem intensiven Austausch, der manchmal zu bewegenden Momenten führte.

Jetzt sind zwei Kongressbände im Juventa-Verlag erschienen, die jedem Interessierten eine umfassende Übersicht über den aktuellen Stand der wissenschaftlichen Diskussion geben. Im ersten Band, herausgegeben von Radebold, Heuft und Fooken sind die Beiträge versammelt, die sich mit den Folgen von Kriegskindheiten im Lebenslauf der Betroffenen befassen, wobei unterschiedliche Professionen zu Wort kommen. Zunächst werden in mehreren Beiträgen die aktuelle psychische Verfassung, das subjektive Befinden und die anhaltenden Störungen bei Angehörigen der Kriegskindergeneration beschrieben. Klinische (Janus, Riedesser, Bohleber) und empirische Arbeiten (Leuzinger-Bohleber, Schneider et al., Decker & Brähler) ergänzen sich und vermitteln einen Eindruck von den Gründen und vom Ausmaß der Belastungen, die auch heute noch – oder gerade heute – zu spüren sind (Heuft, Radebold). Der zweite Teil lenkt den Blick auch auf die europäischen Nachbarländer, eingeleitet von einem Überblick Insa Fookens. In diesem Teil finden sich hochinteressante Berichte etwa über eine Selbsthilfegruppe niederländischer Kollaborateurskinder, einen Beitrag über die Lebensbornkinder, die in den von Himmler gegründeten rassenpolitischen SS-Heimen aufwuchsen, sowie über Wehrmachtskinder, die überall in Europa zu finden sind. In einem dritten Teil des Buches, der auf die Podiumsdiskussion zurückgeht, finden sich kürzere Beiträge, die aus der Sicht unterschiedlicher Professionen beleuchten, was heute für die Betroffenen getan werden kann und sollte. Der Band schließt mit zwei Beiträgen ab, die das Thema in einen größeren Rahmen einordnen. Die Journalistin Helga Hirsch setzt sich mit den Möglichkeiten einer Annäherung mit unseren Nachbarn im Osten auseinander. Jörn Rüsen, Präsident des kulturwissenschaftlichen Instituts in Essen, das die Aktivitäten der

Arbeitsgruppe maßgeblich unterstützte, entwirft in einem beeindruckenden Beitrag zu den Elementen einer zukunftsfähigen europäischen Geschichtskultur.

Im zweiten Band, herausgegeben von Ewers, Mikita, Reulecke und Zinnecker, kommen die Fachvertreter kulturwissenschaftlicher Disziplinen zu Wort: Historiker, Literatur- und Erziehungswissenschaftler. Anfangs werden Erfahrungsräume von Kriegskindern geschildert, beispielsweise in Berichten, die auf Interviews über das Erleben des Bombenkrieges (Jamin) oder die Erfahrungen von Trümmerkindern (Bode) zurückgehen. Interessant ist auch der Beitrag von Sollbach über die Kinderlandverschickung, von der vermutlich über zwei Millionen Kinder betroffen waren. Der zweite Teil des Bandes umfasst eindrucksvolle Berichte über die Nachwirkungen der Kriegskindererfahrungen in der zweiten und dritten Generation. Der dritte Teil enthält zum Teil sehr persönliche Berichte darüber, wie Kriegserlebnisse individuell verarbeitet wurden und die Biographie beeinflusst haben.

Zu den beiden Tagungsbänden ist parallel ein Fotoband erschienen, der diese ergänzt und um eine sinnliche Dimension bereichert, kommentiert von namhaften Fachvertretern, die auch die Tagungsbände mit gestaltet haben. Im Mittelpunkt des Bandes stehen die Fotografien von Walter Nies, der in der Kriegs- und Nachkriegszeit als Fotograf arbeitete, sie werden heute im Stadtarchiv Lippstadt aufbewahrt. Es finden sich, anders als vielleicht zunächst erwartet, keine Aufnahmen von Zerstörungen und den offensichtlichen Gräueln des Krieges, diese sind uns auch schon zu genüge via Fernsehen in die Wohnzimmer geliefert worden. Die Fotografien versuchen eher Stimmungen und Befindlichkeiten am Rande oder hinter dem Grauen zu erfassen. Sie vermitteln im ersten Teil einen Eindruck von der Verführung einer ganzen Jugend, dem Missbrauch von Hoffnungen und der dem Lebensalter geschuldeten Naivität. Die Aufnahmen von Gruppen- oder Massenveranstaltungen, etwa von Sportveranstaltungen oder Aufmärschen von BDM-Mädchen oder Hitlerjugend, vermitteln eine Ahnung von der Gleichschaltung und der Geringschätzung des Einzelnen: Kinder und Jugendliche in Reih und Glied, heroisch geradeaus blickend, wie auf ein höheres Ziel ausgerichtet und auf Großes wartend, nichts ahnend von der Suggestivkraft der Masse, der sie erlegen waren.

Doch dann verschwinden die Uniformen: Kinder im Alltag, wie sie Holz hacken oder sonst zur Bewältigung eines schwieriger werdenden Alltags beitragen, stehen im Vordergrund. Schließlich Kinder, die Koffer tragen, unterwegs sind, sich in Sicherheit bringen oder aufs Land verschickt werden. Man ahnt, wie die soziale Ordnung zerbricht und das normale Leben sich auflöst. Jetzt sind es keine Massen mehr, sondern einzelne, verlassene Kinder. Dies sind wohl die am stärksten anrührenden Bilder, wie das ernst blickende, verlassen wirkende Flüchtlingskind in zerzauster Kleidung in einem Siegener Lager. Schließlich enthält der letzte Teil Bilder aus der Nachkriegszeit, als das Leben allmählich neu erwachte. Kinder auf Bahnhöfen an der Hand ihrer Mütter wie auf der Suche nach einem neuen Leben, dann auch wieder lachende Kinder in Jugendlagern oder bei den Pfadfindern, dort wieder zusammen findend, aber in lockeren Gruppen wie nach neuen Gemeinsamkeiten und Regeln suchend. Die Bilder dieses Bandes lassen den Betrachter nicht unberührt, sie vermitteln eine Ahnung von der Gefühlsdimension, die auch auf dem Kriegskinderkongress immer wieder zu spüren war.

Heinz Rüegger (2006):
Das eigene Sterben. Auf der Suche nach einer neuen Lebenskunst.
Göttingen (Vandenhoek & Ruprecht) 228 Seiten, 14.90 Euro.

Johannes Kipp (Kassel)

Eigentlich verlockt der Titel, hier ein Buch in der Hand zu halten, das vorbereitend Überlegungen zum eigenen Sterben anspricht – sowohl des Autors als auch der Leser. Der Text bleibt dazu jedoch auf Distanz, es ist eine sehr solide und klar gestaltete Darstellung über Sterben und Tod in Philosophie, Theologie und Medizin. Ausgehend von der Lebenskunst, der *ars vivendi* wird die *ars moriendi* als zum Leben gehörig dargestellt. So sagt Rüegger: »Man kann sich nicht einfach treiben lassen, von inneren und äußeren Zwängen und Impulsen fremdbestimmen lassen und unreflektiert vor sich hin leben.« (12f.) Aus theologischer Perspektive grenzt sich Rüegger ab von der paulinischen Aussage, dass der Tod Strafe sei, und weist darauf hin, dass schon im Namen von Adam, dem aus der Erde Geschaffenen, Sterben und Tod wesensmäßig und im positiven Sinn zum Menschsein gehören. »Vertraut werden mit der Realität des eigenen Todes braucht bewusste Einübung.« (82) ist eine wesentliche Aussage des Buches, wenn es um etwas gehe wie ein Hineinwachsen in eine Freundschaft mit dem Tod. Unter dem Kapitel Überschriften »Loslassen«, den Akzent vom Haben auf das Sein verlagern, das Unvollkommene akzeptieren, sich bewusst mit Sterben und Tod konfrontieren, den Schlaf als »Bruder« des Todes wahrnehmen, Regelungen für das eigenen Sterben treffen und die Beschäftigung mit dem Tod in der Musik und der Literatur zeigen auf, was bei einer solchen Einübung wesentlich ist.

Das gut geschriebene und klar gegliederte Buch mit exakter Zitierweise und sehr umfassendem Literaturverzeichnis gibt eine gute Einführung über das, was vor allem aus theologischer Sicht zur Auseinandersetzung mit dem eigenen Sterben gesagt werden kann.

Hinsichtlich der Sterbehilfe wird auf die Eigenverantwortung des Sterbenden verwiesen und eine Stärkung der palliativen Sterbebegleitung gefordert.

Wie die Überlegungen zur Lebenskunst haben die Vorstellungen in diesem Buch aber etwas Zeitloses. Fragen, weshalb junge Menschen für eine Idee zu sterben bereit sind – alle Selbstmordattentäter sind jung – und weshalb alte Menschen meist mehr am Leben hängen, werden ebenso wenig beantwortet wie die Frage, wie bei dement gewordenen alten Menschen die Eigenverantwortung bzw. das Selbstbestimmungsrecht eingefordert werden kann. Als psychotherapeutisch Tätiger hilft mir die Lektüre des Buches jedoch sicher, differenzierter und klarer mit alten Menschen über ihr Leben und Sterben zu sprechen.

Gespräch ohne Worte

Marianne Krott-Eberhardt (Münsterlingen)

Die Malerin dieses Bildes, Frau B., habe ich im stationären Rahmen kennen gelernt, sie wurde dort wegen einer rezidivierenden schweren depressiven Störung mit psychotischen Symptomen (ICD 10:F33.3) behandelt. Sie ist eine 66-jährige ehemalige Lehrerin und Pfarrfrau, sie ist außerdem Mutter von 3 Kindern.

Nach der stationären Behandlung und nachdem wir intensiv an ihrer Biographie gearbeitet haben, kommt sie zweimal in der Woche in die ambulante Gestaltungstherapiegruppe. In dieser, seit langer Zeit bestehenden Gruppe arbeiten die Teilnehmerinnen und Teilnehmer mit kreativem Material an eigenen Themen. Frau B. ist auch jetzt noch immer wieder stark von Ängsten und aggressiven Gedanken gegenüber andern Menschen geplagt. Sie schwankt dabei mit dem Körper hin und her, ein Wiegen, wie wenn sie keinen Boden unter den Füßen hätte, sie ist dabei nicht in der Lage, zur Ruhe zu kommen.

In einer solchen Situation entstand »unser gemeinsames Gespräch ohne Worte« als Bild, wobei folgende Regeln eingehalten werden:

Die Patientin sucht die Farben aus, wir sitzen uns am Tisch gegenüber, sie bestimmt, wer zuerst mit dem Malen beginnt. Durch die Andere, die dann malen darf, wird das Bild beendet.

In der ersten Zeit der Therapie war es bei diesem Vorgehen gar nicht möglich, uns mit den Farben zu berühren. Jetzt, im Laufe der regelmäßigen Kontakte, ist es zu einer großen Annährung gekommen, wie man es im Bild sehr schön sehen kann. Frau B. hat mit den beiden Schlangenlinien angefangen. Ich bemühe mich ihre Formen aufzugreifen, sie zu verstärken, mit Leben zu füllen und zu festigen. Es wird in der Peripherie des Bildes gemalt. Während der Zeit des Malens entsteht eine sehr ruhige entspannte Atmosphäre. Frau B. nimmt immer wieder Blickkontakt mit mir auf. Es entsteht der Fisch in der Mitte und die Frucht links im Bild, zu der der Fisch aber, durch die Schlangenlinien begrenzt, keinen Kontakt bekommt. Durch die grünen Punkt auf den Linien versucht die Patientin die Linien aufzuweichen und malt dem Fisch Schuppen mit der Farbe Grau, einer Farbe, die auch im Zen-

trum der Frucht schon gebraucht wurde. Über die Begrenzung der Linien hinweg hat sie so den Kontakt geschaffen und kommt so in unserer Malbeziehung in Berührung mit mir. Nach 1 1/2 Stunden ist das Bild von uns beiden fertig. Frau B. lacht mich an und sagt: »Das hat mir jetzt gut getan.«

Korrespondenzadresse:
Marianne Krott-Eberhardt, PKM
Atelier für gestaltende Therapie
Haus U, Alterspsychotherapie
8596 Münsterlingen
Email: *marianne.krott-eberhardt@stgag.ch*

Veranstaltungen

8. bundesweites Treffen der gerontopsychiatrischen Tageskliniken

Altern – biographisch und biologisch
07.09.–08.09. 2007 in Wuppertal

Auskunft und Anmeldung:
Sekretariat Frau Remmel-Koch und Frau Tontur
Gerontopsychiatrisches Zentrum Wuppertal
Wesendonkstr. 7
42103 Wuppertal
Tel.: 0202/49666-0
Fax: 0202/49666–29
E-Mail: *gpz@stiftung-tannenhof.de*

19. Symposium »Psychoanalyse und Altern« in Kassel

Sterben Endlichkeit und Tod
30.11.–01.12. 2007

Tagungsort: Gießhaus der Universität Kassel
Informationen:
Dr. Eike Hinze (*e.f.hinze@t-online.de*)
Dr. Johannes Kipp (*johanneskipp@t-online.de*)
Prof. Dr. Rolf Peter Warsitz (*warsitz@t-online.de*)
Organisation und Anmeldung:
Barbara Arlt
Steinkulle 6
34260 Kaufungen
Tel.: 05605 2715

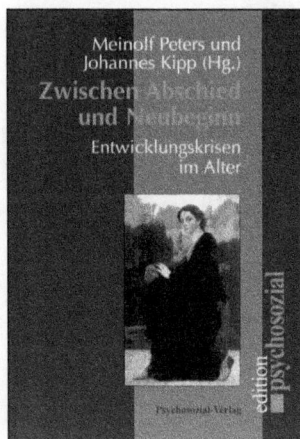

Meinolf Peters und
Johannes Kipp (Hg.)

**Zwischen Abschied
und Neubeginn**

Entwicklungskrisen
im Alter

edition psychosozial

Psychosozial-Verlag

2003 · 284 Seiten · Broschur
EUR (D) 19,90 · SFr 34,90
ISBN 978-3-89806-176-6

Johannes Kipp, Hans-Peter Unger,
Peter M. Wehmeier

**Beziehung und
Psychose**

Leitfaden für den verstehenden Umgang
mit schizophrenen, depressiven
und manischen Patienten

edition psychosozial

Psychosozial-Verlag

2006 · 224 Seiten · Broschur
EUR (D) 19,90 · SFr 34,90
ISBN 978-3-89806-499-6

Das Alter stellt eine vielschichtige Lebensphase dar, die sich zwischen der Polarität von Verlusten und Abbauprozessen einerseits und neuen Entwicklungsmöglichkeiten andererseits aufspannt. Die von der eigenen Lebensgeschichte geprägten Antworten auf widersprüchliche Anforderungen werden in ihrer Konflikthaftigkeit psychoanalytisch reflektiert, historisch und soziologisch beleuchtet und schließlich als klinische Aufgabe der psychotherapeutischen Praxis beschrieben. Die Beiträge sind als Grundlage für eine entwicklungsfördernde Haltung in psychotherapeutischen Behandlungen und Beratungen mit älteren Menschen gedacht.

In diesem aus der klinischen Praxis entstandenen Buch wird umfassendes Wissen über Entstehung, Symptomatik, Diagnose und Therapie schizophrener, depressiver und manischer Erkrankungen komprimiert vermittelt. Darüber hinaus werden Gefühlsprozesse und Beziehungserfahrungen an vielen Beispielen beschrieben, um so einen Weg zu weisen, wie mit schizophrenen, depressiven und manischen Menschen einfühlsam umgegangen werden kann.

Ein unverzichtbarer Leitfaden für Ärzte, Psychologen, Pflegekräfte und Sondertherapeuten schizophrener, depressiver oder manischer Patienten.

P🔲V
Psychosozial-Verlag

Goethestr. 29 · 35390 Gießen · Tel. 0641/9716903 · Fax 77742
bestellung@psychosozial-verlag.de
www.psychosozial-verlag.de

Autorinnen und Autoren

Frank Arens, geb. 1971, Dipl.-Pflegelehrer, Studienrat, Leiter des Fachbereichs Altenpflege der Berufsbildenden Schulen Varel, Studium Lehramt an berufsbildenden Schulen/Fachrichtung Pflegewissenschaft und Deutsch an der Universität Osnabrück, Preisträger des Bad Kissinger Parkwohnstift-Preis für Gerontologie 2003, Trainerausbildung für systematische Unterrichtsentwicklung. Arbeitsschwerpunkte und Publikationen: Ausbildung Altenpflege und Heilerziehungspflege, Kommunikation und Emotionen in der Pflege, Kompetenzentwicklung in den Pflegeberufen.

Peter Bäurle, geb. 1950, Dr. med., Facharzt für Psychiatrie und Psychotherapie, Facharzt für Psychotherapeutische Medizin, Diplom Geriatrie ÖAK, universitäres Zertifikat Gerontologie IUKB, Leitender Arzt des Bereichs Alterspsychiatrie und Psychotherapie der Psychiatrischen Dienste Spital Thurgau AG Münsterlingen.

Brigitte Boothe, geb. 1948, Prof. Dr. phil., Psychoanalytikerin, Lehrstuhl für Klinische Psychologie, Psychotherapie und Psychoanalyse am Psychologischen Institut der Universität Zürich, Gründerin und Leiterin des Postgraduiertenstudiums Master of Advanced Studies for Psychoanalytic Psychotherapy. Leiterin der universitären Beratungsstelle *Leben im Alter LiA*, Mitbegründerin des interdisziplinären Zentrums für Gerontologie an der Universität Zürich.

Insa Fooken, geb. 1947, Prof. Dr. phil., Psychologiestudium an der Universität Bonn, Therapieausbildung in Gesprächspsychotherapie, Promotion über »Frauen im Alter«; Professorin für Psychologie mit dem Schwerpunkt Entwicklungspsychologie an der Universität Siegen. Arbeitsschwerpunkte und Publikationen u. a.: Männliches und weibliches Älterwerden, Eros und Sexualität im Erwachsenenalter, Scheidungen nach langjährigen Ehen, familienstärkende Prävention.

Geneviève Grimm, geb. 1945, lic.phil., Psychologin, Assistentin am Lehrstuhl für Klinische Psychologie, Psychotherapie und Psychoanalyse am Psychologischen Institut der Universität Zürich. Studium der Psychologie an der Universität Zürich, Zertifikat in Gerontologie, in Ausbildung in Master of Advanced Studies for Psychoanalytic Psychotherapy an der Universität Zürich.

Verena Kast, geb. 1943, Prof. Dr. phil., Psychologin und Psychotherapeutin, Professorin im Bereich anthropologische Psychologie an der Universität Zürich. Ausbildung in Psychoanalyse Jungscher Richtung. Lehranalytikerin und Supervisorin des C.G. Jung Institutes Zürich. 1. Vorsitzende der Internationalen Gesellschaft für Tiefenpsychologie, Mitglied der Leitung der Lindauer Psychotherapiewochen, Autorin. Vortragstätigkeit in Europa, den USA, Japan, China. Veröffentlichungen im Bereich von Symbolik, Beziehung und Trennung, Grundlagen Jungscher Psychotherapie, Komplexe und Emotionen. Neustes Buch: Wenn wir uns versöhnen. Kreuz, Stuttgart.

Pasqualina Perrig-Chiello, geb. 1952, Prof. Dr., Universität Bern, Studium der klinischen Heilpädagogik und Entwicklungspsychologie an der Universität Fribourg. Ausbildung in systemischer Familientherapie; Habilitation an der Universität Bern. Lehraufträge an den Universitäten des Saarlandes, Frankfurt a.M., Fribourg, Basel und Bern. Lehr- und Forschungsschwerpunkte: Entwicklungspsychologie der Lebensspanne, Wohlbefinden und Gesundheit im Alter, intergenerationelle Beziehungen. Mitglied des Nationalen Forschungsrates des Schweizerischen Nationalfonds.

Johann Caspar Rüegg, geb. 1930 in Zürich, Prof. emer. Dr. med. Ph. D., bis 1998 Ordinarius für Physiologie an der Universität Heidelberg; seither freiberufliche Tätigkeit als Autor von Publikationen und Büchern auf dem Gebiet der Psychophysiologie und Psychosomatik, z.B. »Gehirn, Psyche und Körper – Neurobiologie von Psychosomatik und Psychotherapie« (Schattauer).

Wilhelm Stuhlmann, geb. 1946, Dr. med. Dipl. Psych., Arzt für Psychiatrie und Neurologie, Psychotherapie und Klinische Geriatrie. Nach langjähriger Tätigkeit als Oberarzt und Chefarzt in der Gerontopsychiatrie jetzt tätig in eigener Praxis sowie im Bereich Beratung von Institutionen, Fort- und Weiterbildung und Supervision. Vorsitzender des Landesverbandes der Alzheimer Gesellschaften NRW e.V.
Autor der Buches: Demenz – Bindung und Biographie (Reinhardt Verlag)

Hartmut Radebold, geb. 1935, emer. Univ. Prof., Dr. med., Arzt für Nervenheilkunde, Psychoanalyse und Psychotherapeutische Medizin, Lehr- und Kontrollanalytiker (DPV), 1976–1998 Lehrstuhl für Klinische Psychologie an der Universität Kassel, zahlreiche Publikationen zur Psychodynamik, Psychotherapie und Psychoanalyse Älterer, Gerontopsychiatrie und geriatrische Rehabilitation, Begründer des Lehrinstituts für Alternspsychotherapie.